テーマパーク事業 と 地域振興

中島 恵 著

三恵社

—

はじめに

　2020年、新型コロナウィルスで東京ディズニーリゾート（TDR）は約4ヶ月の休園を余儀なくされ、売上が激減した。そのため2020年度の千葉県浦安市の税収は激減した。テーマパークは立地する自治体に**法人市民税**や**固定資産税**を納税し、地域活性化、地域振興を担う。

　浦安市の税収は、当初見込みより約42億円少ない380億円はどになりそうである。減収分は約11億円分の地方債の発行などで補填する。市税のうち、法人市民税は当初見通しの半分以下の17億円程度、固定資産税も15億円減の179億円になるとみている。TDR休園中に周辺の商業施設や飲食店、ホテルなども営業縮小を迫られた影響もある。浦安市は地方債発行と郷土博物館リニューアル事業延期、公共施設の修繕費の積み立て見送りを盛り込んだ[1]。

　このようにTDRは浦安市の税収と市の公共事業に大きな影響を与える存在になっている。

　私はある大学の経営学部の公共経営学科で「観光事業論」を担当するよう依頼を受けた。経営学部の授業なので経営学的に観光事業論を教え、なおかつ「公共経営学科なので地域振興、地域活性化の視点も合わせて教えて下さい」と学科長から依頼された。

　その時、私は初めて気がついた。日本政府は地域振興、地域活性化を促進している。各テーマパークは地域振興、地域活性化に大きな役割を果たしている。経営学が専門の私の研究では、地域振興、地域活性化の部分を強調して書くことはこれまで少なかった。考えてみると、どの企業も地域振興、地域活性化に一役買っている。地域雇用を生み出し、事務所や工場

---

[1] 日本経済新聞「千葉・浦安市、20年度の市税42億円減　TDR休園響く」（2020/9/4）2020年10月3日アクセス
https://www.nikkei.com/article/DGXMZO63466230U0A900C2L71000/

を建てる建設業、資材業、そこまでの道を通す土木業などは開業前に恩恵を受けるので、企業設立はまさに地域振興、地域活性化である。

そこで本書では、テーマパーク事業の事業的・商業的側面とそれがもたらす地域振興、地域活性化について考察する。

本書の構成と各章の概要

本書は各章完結型である。私の著作物は各テーマパークのみを参考にする人が多いため各章完結型にしている。注釈は各ページの下に、参考文献は各章末に記す。本書は経営学部、観光学部、政治学科の大学生、大学院生、観光事業に携わる実業界の方々に向いている。

序章では、テーマパークを含む観光事業での地域振興が必要な理由と、苦戦するテーマパークとして典型的な2ケースを考察する。

第1章では、新日鉄のテーマパーク事業参入の経緯と地域振興について考察する。

第2章では、トヨタ自動車の第3セクターテーマパーク「ラグナシア」の企画から創設、経営難で大手旅行代理店HISに経営譲渡する経緯を考察する。

第3章では、常磐炭鉱のテーマパーク事業多角化と地域振興を考察する。

第4章では、USJの沖縄の新テーマパーク計画発表から撤回までの経緯を地域振興の視点で考察する。

第5章では、手塚治虫ワールドの企画から自治体による誘致合戦、計画中止までの経緯を考察する。

第6章では、スタジオジブリのジブリ美術館経営と地域振興について考察する。

第7章では、藤子・F・不二雄ミュージアムの経営を川崎市と藤子プロダクションの取り組みと地域振興を考察する。

短編として、北海道のカジノ誘致と計画断念、三鷹の森ジブリ美術館と指定管理者制度の仕組みを説明する。

テーマパークに人生を狂わされ、テーマパークで人生を輝かせた

　ディズニーのキャラクター労働が問題になっている。二人のキャラクター出演者がTDRを運営する㈱オリエンタルランドを訴えているのをご存知だろうか（2018年11月、初公判。2020年現在、係争中）。私はその裁判を傍聴した時に驚いた。原告Bさん（当時38歳）はこのように証言した。「私は物心ついた頃からディズニーが大好きでした。テレビを見ながら一緒に踊っているような子供でした。13歳でキャラクター出演者という職業があることを知り、目指し始めました。ダンスレッスンに通い、24歳でやっとオーディションに合格しました。（以下、略）」

　その時、私は思った。私は5歳と2ヶ月くらいで父に連れられて初めてディズニーランドを訪れファンになった。でも長野県民の私は、親が連れて行ってくれないならディズニーランドに行けなかった。数年に一度連れて行ってもらえた。原告Bさんのように熱狂的なディズニーファンになることは無かった。5〜7歳頃の私は、毎日のように17時台にアニメの再放送を見て、そのままテレビをつけっぱなしにし、夕方のニュース番組を見ていた。

　なんとその年にして私はすでに経済ニュースに興味があった。それ以外にも政治や国際関係のニュースに関心を持った。5〜7歳にして私はすでに経済ニュースをワクワクしながら見ていた。ほとんど意味は分からなかったが、映像を見て色々想像した。そして日本社会が急速に成長していくのを感じとり、経済成長と社会の発展に夢とロマンを感じた。

　小学4年生の4月、母に言われて金管バンドクラブに入り、トランペットを始めた。普通の公立小学校の部活なのに、私にトランペットは合っていたので夢中になり、心血を注いで練習に励み、子供にしては腕を上げ

た。ここで私のディズニー熱はほぼ冷めた。将来の夢はオーケストラに入って世界中を演奏して回る演奏家になることとなった。

しかしプロの音楽家を目指すようなレベルになく、趣味として聴くだけとなった。大学に入って経営学や経済学やマーケティングの授業を受け、ものすごく楽しかった。ディズニーランドに行こうと思えば自分で行けるようになった。私より周りの友達にディズニーファンが多かった。

大学院に入って修士論文のテーマに「ディズニーのアルバイトはなぜよく働くのか」を選んだ。そこからディズニーに行く回数が増えた。色々な本を読むうちに、ウォルト・ディズニーやマイケル・アイズナーというアメリカのディズニー社の経営者に心惹かれた。ディズニーランドにゲストとして行くより、経営者の本を読んで経営方針を学ぶほうが楽しくなった。

就職してからはディズニーだけでなく、テーマパーク業界全体を研究し始めた。大阪時代に研究が乗ってきて、ついに没頭するに至った。その頃からマスコミ取材やテーマパークを新設したい企業から相談を受けるようになった。アカデミックな世界だけにとどまるのはつまらないし、もったいないと感じるようになった。実務家へのインタビュー調査はものすごく楽しい。研究が乗っている時だけ「私は生きている」と感じる。

今でこそ私はこのキャラが確立されているが、昔は違った。経営学でディズニーランドの研究は異常であり、亜流であった。それで出来が良いならいいが、私はできの悪い大学院生だった。「亜流で邪道な研究テーマを選ぶできの悪い院生」、それが私だった。

今でも経営学の学会では、テーマパークの研究をしていると言いにくい。何を発表しても受ける質問は「それはディズニーだから通用するのであって、他の企業ではそうなりませんよね」である。私の回答は「はい、そうです。ただし、パーツごとに分解すればほとんどの企業に当てはまります」である。

ここで解説しよう。学問は「一般化」する必要がある。ある企業の特殊事例ではなく、一般化する必要がある。一般化できる事例を研究するのが学問である。私はそのような研究のセオリーを理解する前にディズニーのアルバイトの人材育成とモティベーション向上策の研究を始めた。だから一般化できる企業を選んでいない。このくらい想像がつくでしょう、と言いたい。私はこの質問をたくさん受けすぎてうんざりしている。

　ということで、研究者になりたい人は各分野で一般化できることをテーマに選びましょう。しかし興味がないことでは研究に耐えられない。人生を賭けるくらいの情熱を注ぐ研究対象を見つけよう。ウォルト・ディズニーが人生を賭けてテーマパーク設立に臨んだように。

　ここで冒頭の名言が出てくる。**テーマパークに人生を狂わされ、テーマパークで人生を輝かせた**、と。

　これは私の言葉ではない。あるテーマパークマニアの男性が Twitter に書いた言葉である。この男性は世界何ヶ国もテーマパークを巡る旅をしている。そのために自営業を始めたようである。この方の Twitter を見ていると、頻繁に国内外のテーマパークに行くので、サラリーマンや公務員は無理で自営業を始めたと推測できる。

　私がテーマパークに人生を狂わされたと感じる理由、それは年を重ねすぎて、もう引くに引けなっていることである。もう他の人生を選べない。テーマパークの研究は楽しいので良いが、数年前から引くに引けなくなってしまった。経営学の他分野の研究はもう無理である。同じくらいの能力なら若い人が採用される。私にはもう他の選択肢は無い。テーマパークに興味がなかったら、どういう人生になったのか想像できない。私には他の生き方は無い。

　生まれ変わったらシンデレラになりたいと、子供の頃思っていた。今は生まれ変わったらアメリカ人に生まれ、英語のネイティブスピーカーとしてアメリカのディズニーやユニバーサルなどテーマパーク業界の研究をしたい。

ここで原告Bさんの話に戻る。Bさんはディズニーに人生を狂わされ、ディズニーで人生を輝かせたと感じる。

　Bさんと私を比較する。子供の頃ディズニーランドファンになった二人は、ディズニーの出演者とテーマパーク研究者になった。同じくらいの年齢でディズニーファンになり、なぜこうも違う人生を選んだのか。感性の違いなのか。私は経済ニュースを見るのが好きな子供で、18歳で経営学部に入学し研究者になりたいと思った。ディズニーマニアが経営学の研究者になりたいと思うとこうなるらしい。私は出演者になりたいと思ったことはない。ディズニーで働くなら、若いうちは企画を、40歳くらいから経営をしたい。私は現場より経営の仕事に興味がある。Bさんは定年まで出演者として働くことを希望されている。私はBさんの職場復帰を心から応援している。

謝辞

　いつもながら私が研究に励むことができるのは、支えてくれる家族や研究者仲間、インタビュー調査に応じて下さる皆様、色々情報を下さるテーマパークファンや学生のおかげである。謝辞を書く時いつも思い出す。私一人なら何もない。私一人では何も頑張れない。私一人では生きている意味を見つけられない。みんながいてこその私である。一生感謝を捧げる。

目次

序章　テーマパーク事業による地域振興

１．はじめに

　1991 年にピークを打った日本経済は、バブル崩壊から「失われた 20 年」を経て、少子高齢化、東京一極集中と地方の衰退が問題となっている。バブル崩壊後に就職した世代が 30〜40 代となり、日本経済の屋台骨が揺らぐ事態である。日本の人口 1 億 2,500 万人の中で東京都の人口は約 1,400 万人である。東京都以外でも大都市圏とその周辺に人口が集中し、都市と地方の格差が広がっている。観光事業による地域振興が必要である。

　本章では、テーマパークを含む観光事業での地域振興が必要な理由と、苦戦するテーマパークとして典型的な 2 つケースを考察する。

２．ものづくり立国から観光立国への転換

　高度成長期以降、<u>ものづくり立国</u>として世界中に高性能な製品を供給してきた日本は、新興国の低技術・低価格の製品に押され、ものづくり立国を維持できなくなっている。2003 年、小泉政権は<u>観光立国</u>とビジット・ジャパン・キャンペーンを掲げ、訪日<u>外国人観光客年間 1,000 万人</u>を目指した。この時はとても達成不可能と思われた目標値であった。

　日本政府観光局（JNTO）によると、2003 年に訪日外国人は 521 万人であったが、2004 年に 613 万人、2005 年に 672 万人、2006 年に 730 万人、2007 年に 830 万人を突破した。2011 年 3 月の東日本大震災で大幅に減らしたものの、2012 年に 830 万人、2013 年についに 1,036 万人を突破した。2014 年に 1,341 万人、2015 年に 1,973 万人、2016 年に 2,403 万人、2017 年に 2,869 万人、2018 年に 3,188 万人となった。年によるが、最も多いのは韓国人、次は中国人、3 位は台湾人である。4 位以下、

香港、タイ、シンガポール、マレーシア、インドネシア、フィリピン、ベトナム、インドとアジア勢が続く[2]。

アウトバウンド観光からインバウンド観光への転換

　観光立国を目指す以前の日本の観光業はアウトバウンド中心であった。アウトバウンド観光とは日本人が外国に観光に行くこと、インバウンド観光とは外国人が日本に観光に来ることである。

　インバウンド観光により、外国人が日本国内で消費してくれることが日本経済に必要不可欠である。

　日本では「モノ消費」から「コト消費」へと消費傾向が推移している。訪日外国人観光客も同じで、モノを買うよりコト（体験・飲食・宿泊・温泉等）を買っている。もちろん、質の高い日本製品も買う。

　外国人観光客の多くは、一回目の訪日でゴールデンルートと呼ばれる「成田空港、東京、横浜、富士山、京都、大阪」に行く人が多い。二回目以降の訪日では、メジャーな観光地ではなく、強い嗜好が現れる個別行動が目立つ。そのため様々な企業にビジネスチャンスがある。観光は裾野の広い産業である。モノ消費ならばお土産を買って帰る。「コト消費」では食べる、飲む、体験する、遊ぶ、そして登山（特に高尾山、富士山）、テーマパーク、美術館、コミックマーケット、コスプレイベントなど、何か「コト」にお金を投じるのである。

　今後モノを買うのではなく「コト」を買う消費傾向はより進むのではないか。例えば、テーマパーク業界では「有料グリーティング」が人気である。グリーティングとは「キャラクター・グリーティング」の略で、キャラクターと握手して写真を撮るサービスである。通常は入場料金に込みであるが、よりファンサービス豊富なグリーティングが追加料金で実施

---

[2] 日本政府観光局「ビジット・ジャパン事業開始以降の訪日客数の推移」2020年8月25日アクセス
https://www.jnto.go.jp/jpn/statistics/marketingdata_tourists_after_vj.pdf

されている。例えば、USJ やサンリオ・ピューロランドで導入され人気である。また京都では舞妓の着物を着て街を歩く舞妓体験が人気である。

３．経済産業省のテーマパークの定義

　テーマパークとは何か。経済産業省の「平成 30 年特定サービス産業実態調査　公園、遊園地、テーマパーク編[3]」でこのように定義されている。

遊園地：主として屋内、屋外を問わず、常設の遊戯施設[4]を 3 種類以上（直接、硬貨・メダル・カード等を投入するものを除く）有し、フリーパスの購入もしくは料金を支払うことにより施設を利用できる事業所。

テーマパーク：入場料をとり、特定の非日常的なテーマのもとに施設全体の環境づくりを行い、テーマに関連する常設かつ有料のアトラクション施設[5]を有し、パレードやイベントなどを組み込んで、空間全体を演出する事業所。

　テーマパークと遊園地の簡潔な定義は「テーマがあるのがテーマパーク、テーマが無く乗り物を集めたのが遊園地」である。それに対して、筆者の定義は「昭和の名称が遊園地、平成以降の名称がテーマパーク」である。名称のみの違いである。筆者は中身については差をつけて考えていない。例えば「食のテーマパーク」と自称するか、報道されているものの、実際はレストラン街やフードコートにエンターテイメント性が付加され

---

[3] 経済産業省「平成 30 年特定サービス産業実態調査報告書　公園、遊園地、テーマパーク編」2020 年 9 月 25 日アクセス
https://www.meti.go.jp/statistics/tyo/tokusabizi/result-2/h30/pdf/h30report26.pdf
[4] 遊戯施設とは、コースター、観覧車、メリーゴーランド、バイキング、フライングカーペット、モノレール、オクトパス、 飛行塔、ミニ SL、ゴーカートなどをいう。
[5] アトラクション施設とは、映像、ライド（乗り物）、ショー、イベント、シミュレーション、仮想体験（バーチャルリアリティ）、展示物の施設などをいう。

たものもある。このエンターテイメント性をどこまで充実させるかは業者により異なる。「花のテーマパーク」や「農業体験テーマパーク」も同様である。従来型のレストラン街やフードコート、花園、農業体験では集客力に欠けるため、話題性ある取り組みが必要である。重要な差別化となる。

　本書では、テーマパークと遊園地を区別せず、テーマパークと表記する。毎回「テーマパーク・遊園地」と表記すると文字数を多く消費することも理由の１つである。ただし、当時の言い方で遊園地という方が適している場合は遊園地と表記する。

表 1：遊園地とテーマパークの定義

	簡潔な定義	中島の定義
遊園地	テーマが無い	昭和の名称
テーマパーク	テーマが有る	平成以降の名称

４．日本の「小林一三遊園地」とは

　日本の遊園地産業は「小林一三遊園地」と呼ばれるほど小林一三（こばやし・いちぞう）氏の影響を受けている。日本の遊園地は、阪急電鉄の小林一三社長のアイディアと実行力で開拓されたビジネスモデルである。小林氏は宝塚歌劇団を創設した人として有名である。

　小林氏は、沿線開発して宅地開発事業で基盤を作り、そこから生じるターミナル駅への通勤客で運賃を稼ぐビジネスモデルを考案した。通勤客の往復の運賃だけでは採算性が低いため、朝 7 時から 9 時頃まで通勤通学客を住宅地から都心へ運び、その帰りの空車を無駄にしないよう中心部と逆側に学研都市や遊園地などを作った。ターミナル駅に百貨店を作って、買い物客を中心部に運ぶ。その帰りを空車にしないために、郊外に女性と子供のための動物園、遊園地、温泉、宝塚歌劇団などを作った。中心部に遊園地を一つも作らなかったのは、地価の高さと鉄道輸送の有効

利用のためであった。宝塚少女歌劇団と宝塚ファミリーパークは、最盛期には 300 万人も集客していた。阪急線で京阪神の人を宝塚に運んだ。他の鉄道業者がこのビジネスモデルを導入したため、日本の多くの遊園地はこのように成立した。遊園地は鉄道会社の効率経営の一要素であった（堀, 1987）。

　これに対して、アメリカのコニー・アイランドやオーストラリアのプラタのような欧米の遊園地（アミューズメントパークと呼ばれる）は、産業革命によって生み出された工場労働者が日常の単純労働の圧迫から解放され、ギャンブル、飲酒、スリル、エンターテイメントを楽しむ大人の男性のための場所であった。女性と子供を対象とした日本の遊園地とは成立した背景が異なる（堀, 1987）。

５．リゾート法とテーマパーク設立ラッシュ

　1983 年に開業した東京ディズニーランド（TDL）大成功によりテーマパークという事業が注目され、設立ラッシュが全国で起こった。

　1987 年の改定**リゾート法（総合保養地活性化法）**施行で、日本ではテーマパークを含むリゾート開発全般が盛んになった。用地買収と地価高騰もあいまってバブル景気へと突き進んだ。当時はテーマパークを開業すれば TDL のようになるはずだったのだろう。しかし開業してみると TDL と実力が大きく違い、厳しい現実を突きつけられた。

　1989 年 8 月には、TDL 成功に触発されて全国各地でテーマパークの計画が進められていた。その数 60 ヶ所とも 70 ヶ所とも言われ、総額 1 兆円を超すと言われていた。本格的なレジャー時代を迎える 21 世紀の初頭にはそれらのテーマパークが開業され、テーマパークの年間売上高は 2〜3 兆円に達すると言われていた[6]。この金額が地域に落とされれば活性化される。

---

[6] 1989 年 8 月 9 日　日経産業新聞　14 頁「出番間近いテーマパーク（1）雇用創出と多角化、思惑乗せ、計画 70 ヵ所。」

工場等の跡地活用と地域振興

　大企業の工場等の跡地を活用してテーマパークが設立されるケースがある。代表的なケースが、NKK のワイルドブルーヨコハマ、コスモ石油のコスモワールド、三井鉱山の三井グリーンランドなどである。ここでは NKK（日本鋼管）のワイルドブルーヨコハマを挙げる。

NKK（日本鋼管）のワイルドブルーヨコハマ

　1986 年当時、鉄鋼業界は 1985 年のプラザ合意による円高不況で深刻な経営危機に見舞われた。それを乗り切るため、エレクトロニクス事業やテーマパーク経営など多角化した。その中で NKK（日本鋼管）は新たな道を模索し、本業の鉄鋼を軸に新長期経営計画を策定した。目標はグループ全体の 2000 年度売上高 3 兆円であった。その中にテーマパーク事業が含まれていた。NKK 京浜製鉄所の硬式野球部の球場の跡地にテーマパークを新設した。1985 年以降の円高不況で経費削減の一環として野球部を福山製鉄所野球部に一本化した。野球場の有効活用が同施設であった。1992 年 6 月、横浜市鶴見区の JR 鶴見駅から車で約 10 分の市街地にテーマパーク「ワイルドブルーヨコハマ」が開業された。当時世界最大級の高さ 2 メートルの波が起こる造波プール、長さ 600 メートルのウォータースライダーなどが売りであった。山城彬成社長は「硬式野球場の跡地に地元に喜んでもらえる施設を、と考えていた。鉄鋼・造船メーカーとして蓄積してきた技術を活用した」と開業式で自社技術の集大成と、<u>地元との共生</u>を強調した。1992 年は NKK 創業 80 周年で、1988 年の旧ビジョンを見直した新長期計画「ニューフューチャービジョン」を策定した。旧ビジョンでは 2000 年度の全国粗鋼生産を 8,500 万トンと設定し、多くの新規事業が打ち出された。同施設もその一環である。新ビジョンでは鉄鋼、総合エンジニアリングに加え、電子デバイスなどのエレクトロニクス事業を大きな柱に据えた。同時に一度見切りをつけた鉄鋼へ本業回帰することにした。都市開発は鉄鋼会社が伝統的に取り組んできた街づくりの

経験をベースに、**不況時に持ち上がった社有地の有効活用ブーム**で組織的な取り組みに高めた。鉄を軸に据えた新長期計画の多角化部門に位置づけられた同施設は、NKK が鉄鋼・造船で生きるか、多角化を進めるか、迷いながら始まった[7]。

しかし同施設は生き残ることができず、2001 年 8 月 31 日に閉園することとなった。NKK は同施設の土地と建物を住宅資材商社、ナイスに **60億円で売却**した。ナイスは相模鉄道と共同で 7 階建てのマンションを建設し、2003 年度に分譲する。同施設は約 **160 億円**を投じて開設され、大波を作る設備などで話題を呼んだものの、個人消費低迷や新規施設の手控えなどで入場者数は伸び悩み、閉園となった[8]。

日本ゴルフ振興のレオマワールド（現 NEW レオマワールド）

ゴルフ場開発会社もテーマパーク事業に参入した。特に目立ったのは日本ゴルフ振興㈱のレオマワールドである。日本ゴルフ振興はゴルフ場開発最大手の一社であった。レオマワールドを設立したものの、予想より集客できず民事再生法が適用された事例である。

1991 年 4 月、レオマワールドは**西のディズニー**を目指して香川県中部の丘陵地帯に四国最大のレジャー施設として開園した。本社、大阪市北区、四国本社、香川県綾歌郡綾歌町、資本金 1 億円、会社設立 1986 年、従業員 153 名（開業時 1,500 名）、敷地面積 69 ヘクタール、業務内容はレジャー施設経営、社長、大西一氏（大正 15 年生まれ、川之江市出身）である。レオマの川上清三常務は開業前に「単に香川だけでなく四国全体の観光産業の起爆剤となるような拠点にする」と述べた。レオマはゴルフ場経営の日本ゴルフ振興㈱（本社大阪市、大西一社長）の全額出資で設立され

---

[7] 1992 年 6 月 16 日　日経産業新聞　32 頁「2001 年への挑戦——NKK（上）「鉄に軸足」徹底（新しい会社）」
[8] 2001 年 7 月 26 日　日本経済新聞　朝刊　15 頁「ワイルドブルーヨコハマ、ナイスに 60 億円で売却。」

た。**約 700 億円**を投じて、TDL 張りのテーマパークや人工湖、ホテルなどを建設し、初年度 500 万人を見込んだ。日本ゴルフ振興は当初、同地にゴルフ場を建設する構想だったが、瀬戸大橋開通や近くに年間観光客数 300 万人の金刀比羅宮（ことひらぐう）があることに着目し、一大レジャー施設の運営に乗り出した。大西社長は「ゴルフ場は百数十人プレーするのがせいぜい。レジャーランドなら数万人が一度に楽しめる」と述べた。日本ゴルフ振興にとってレオマは本格的レジャー時代を前にゴルフからの多角化を進める試金石であった。施設の集客の核は「マジカルストリート」と「オリエンタルマップ」である。人工湖の回りに子供向けのジェットコースターなどの遊園地を作った。宿泊施設は日航グループと提携したホテルやコテージなどで400 人以上を収容できた。物販店は三越、そごうなど 34 店舗が入った。開業前の 1990 年時点の課題は人員確保であった。すでに 1991 年入社の新卒者約 500 人を内定し、その後中途採用で 150 名、パートタイマー750 名を採用しなければならず、グループ総力を挙げて取り組むと高田取締役人事部長は述べた。さらに開業 4 年後に売上高 400 億円突破、8 年後に黒字化という計画を達成するには、絶えず新施設などソフトを導入する必要があると川上常務は言う[9]。

　しかし同施設は 2000 年 9 月から半年間休園となった。京阪神などから年間100 万人以上の入場者を集める四国屈指の観光拠点となっていたが、この規模なら 100 万人では不十分である。本州四国連絡橋三ルート開通後の集客を期待したが、効果を活かしきれなかった。レオマは存続させたいが、赤字改善は容易ではなかった。入場者数は 1997 年から 2000 年にかけて、開業当初の半分以下の入場者数で推移し、減少に歯止めがかからなかった。三橋時代を当てにした立地なので 1999 年の伸び悩みが休園の決め手となったとみられる。ホテルは一泊 1.5 万円以上と高額であった。美術館を含めた設備も幅広い層の客を狙うには的が絞りきれず、魅力不

---

[9] 1990 年 11 月 10 日　日本経済新聞　地方経済面　四国　12 頁「レオマ―『西のディズニー』目指す（企業クローズアップ）」

足との指摘もあった。大型投資を伴う新施設導入は 1996 年を最後に凍結された。路上パフォーマンスなどソフト面を拡充してきたが、集客増につながらなかった。テーマパークは人件費や電気代など固定費が大きい。同施設は開園後 9 年を経過した時点で、単年度黒字のめどが立たなかった。1999 年 12 月期に **19 億円程度の最終赤字**を計上するなど **250 億円超の債務超過**に陥っていた。売却、提携、資金面での支援などを含め事業の抜本的な見直しを模索していた[10]。

　しかし 2003 年 4 月、レオマワールドは大阪地裁に**民事再生法**の適用を申請し、財産保全命令を受けた。**負債総額約 1,394 億円**、同施設の営業再開のめどが立たず、借入金が膨らんで債務超過になり行き詰まった。親会社の日本ゴルフ振興も 2003 年 2 月、民事再生法の適用を申請した[11]。

　2003 年 10 月、地元の大手冷凍食品メーカー、加卜吉や全国で遊園地「おもちゃ王国」を運営する岡山県の玩具卸、サンヨープレジャー（岡山市、高谷茂男社長）などの支援で 2004 年に営業再開することなった。四国の市場規模にあった身の丈経営で再出発する。再建を軌道に乗せるには経営不振に陥った全国のテーマパークを引き受けてきたサンヨーの手腕が鍵となる。2003 年 3 月 17 日、民事再生法が適用されたレオマワールドの債権者集会が開かれ、同社は 100% 減資し、加卜吉子会社や地元スーパーのマルナカ（高松市）などによる新体制に移行した。レオマワールドの売りは東京ディズニーランドにならったキャラクターによるパレードやイベントだった。ホテル併設の大型レジャー施設として全国から観光客を呼び込もうとしたが、挫折した。サンヨーの高谷昌宏取締役は「キャラクターを武器にリピーターを増やすのは至難の業」と敗因を分析する。高谷茂男社長は「倉敷チボリ公園」運営会社の社長として同公園の再

---

10 2000 年 5 月 9 日　日本経済新聞　地方経済面　四国　12 頁「レオマワールド半年休園へ、三橋効果思惑空振り――存続めざし抜本見直し。」
11 2003 年 5 月 2 日　日経産業新聞　8 頁「レオマが民事再生法、負債総額 1394 億円。」

16

建に取り組んだ。高谷昌宏取締役は高谷茂男社長の息子で、親子二代でバブル期に話題を集めた 2 テーマパークにかかわることとなった。サンヨーは子供向けに玩具をテーマにしたパビリオンで構成する「おもちゃ王国」を子会社で運営する。小さな子供を持つ家族連れに客層を絞り込み、子供の遊びという飽きのこないテーマでリピーターを増やし、全国 5 つの経営難に陥った遊園地の立て直しに取り組んだ。同社は遊園地の運営会社、レオマユニティーを設立し、おもちゃ王国の運営手法を活用、6〜7 億円かけて改装した。入園料は大人 1,000 円程度と休園前の半分に下げた。初期投資が少なく済むため、初年度から黒字を目指した。加ト吉グループはホテル運営を担当する。出資先でもある東京・お台場の温浴施設「大江戸温泉物語」の運営会社を参考に、温泉を活用した大人も楽しめるレジャー施設にする。加藤社長は「パーク全体で、四国四県の需要で採算があう規模にしたい」と言う。足元の需要を固めて安定した経営基盤を確保する。目標入場者数は初年度 100 万人（テーマパーク部門で 70 万人）であった。四国の総人口は 400 万人ほどなので、目標達成には家族連れと若者層の来場が不可欠である。「乗り物の充実や花火などのイベントを多用して客層を広げる。休園前の乗り物も一部残す計画であった。若者層の取り込みはサンヨーにとって初めての挑戦で、「テーマパークの再建屋」を自認する同社の新機軸が注目されていた[12]。

　2012 年 2 月、同社は 2013 年までに総額 **12 億円の設備投資**を実施すると発表した。屋外プールや新しいアトラクションを順次導入する。家族連れや若者層の利用客増加を図る。今後は人口減の中で増加する高齢者や四国内の顧客の呼び込みも課題となる。同施設は 2010 年に全国で温泉施設やテーマパークを展開する大江戸温泉物語（東京・江東）が経営権を取得した。子会社の香川県観光開発のもとでパレードなどソフト面でのサービス充実を進めた。2012 年 2 月期のレオマワールドと隣接するホテ

---

[12] 2003 年 10 月 13 日　日経産業新聞　12 頁「テーマパーク異変全国縦断ルポ(3) レオマワールド——「身の丈」経営で再生へ。」

ルの利用者数は前期比 26% 増の 59 万人を見込んでいた。売上高は 2 施設合計で 30% 増の 30 億円となる見込みであった。設備投資により 2014 年 2 月期に 75 万人の集客を目指す。まずは 1.2 億円をかけて低年齢層向けにケーキやうどん作りという職業体験ができる施設を導入し、約 6.5 億円を投じて屋外プールを開設する。同施設の利用者の 9 割以上は家族連れが占める。プールには高齢者が使えるジャグジーも設置し、家族三世代で楽しめるようにする。若者層が利用者の 1 割に満たないため、2013 年春を目途に全長 27 メートルの大型ブランコのアトラクションを導入し、若者の利用を増やす。季節限定のアルバイトなどを含めて最大 100 人程度を新たに雇用する計画であった[13]。

　その後、四国を市場とした地方の中小規模のテーマパークとして経営を継続させている。夜の「レオマ光ワールド」や「レオマ花ワールド」などが好評である。全天候型屋内プールは通年、屋外プールは夏季限定で営業している。屋外プールは四国最大規模である[14]。四国最大を売りにして、四国の人を集客する地元のテーマパークとして定着している。

3．発見事項と考察

　本章では、テーマパークを含む観光事業での地域振興が必要な理由と、苦戦するテーマパークとして典型的な 2 ケースを考察し、次の点を明らかにした。

　第 1 に、テーマパーク設立ラッシュのきっかけは、①1983 年の TDL 大成功、②1987 年のリゾート法施行にある。当時テーマパークを作れば TDL のようになると思っていたのだろう。各テーマパークとも苦戦を強いられることになった。しかし飲食や小売などと違って撤退が非常に難

---

13 2012/02/03 日本経済新聞　地方経済面　四国　12 頁「ニューレオマ、12 億円投資、香川県観光開発、職業体験施設など整備。」
14 レオマリゾート公式 HP　2020 年 11 月 7 日アクセス
https://www.newreomaworld.com/

しい事業である。

　第2に、潰れるテーマパークと潰れないテーマパークの違いは、転用か売却可能な立地か否かである。筆者はこの違いをよく聞かれる。TDRのように大盛況ならば潰れないので、その質問は来ない。NKKのワイルドブルーヨコハマは潰れた。これは横浜市鶴見区にあるので土地を60億円で売却でき、マンションに変わった。それに対して、レオマワールドの立地ではそれほど好条件で売却できるとは思えない。買い手がつかず、自社で別の事業に転用できないと潰せないのである。テーマパーク事業では撤退が非常に難しい。

　第3に、バブル期の乱脈経営が目立つ。本業の成功で自信をつけた経営者がテーマパークに多角化し、経営破綻したのではないか。ワイルドブルーヨコハマは、本体のNKKの本業が回復したので良かったが、レオマワールドは本体の日本ゴルフ振興も巨額の負債を抱えて経営破綻した。

　第4に、用地買収、建設、雇用創出、地元業者からの納入で地域にお金を落とし、一時的に活性化させた。

4．まとめ

　TDRを見ると、皆、笑顔で楽しそうに働いており、苦労しているように見えない。テーマパークのみならず、エンターテイメントを仕事にすると、仕事なのに楽しそうに見える。苦労しているように見えない。これも安易な参入者を増やす一因だろう。

第1章　新日鉄のスペースワールドと地域振興

1．はじめに

　テーマパークは工場等の跡地に建設されるケースが多い。新日鉄のスペースワールドは八幡製鉄所の東田地区跡地に開業されたテーマパークである。

　本章では、新日鉄のテーマパーク事業参入の経緯と地域振興について考察する。その際、北九州ルネッサンスと八幡地区活性化の視点でも考察する。

　研究方法はインタビュー調査と文献研究である。インタビュー対象者は開業時、広報宣伝課長だったK氏である。インタビューは2011年7月28日、3時間程度行われた。会場はS県内のある高等学校の校長室である。K氏は民間出身校長に応募し、2009年度より学校長に就任した。K氏は1976年、京都大学法学部を卒業し、新日鉄入社、広畑製鉄所、本社販売部、北海道支店、本社を経て1989年9月から1996年3月までスペースワールド社勤務、それ以降、都市開発部門に異動した。

　新日鉄は2012年に住友金属工業と合併し、新日鐵住金㈱となり、2019年に日本製鐵㈱と商号変更した[15]。本章では、スペースワールド設立当時の社名で新日鉄と表記する。

2．新日鉄およびスペースワールドの概要と社史

　新日本製鐵㈱[16]は、1970年設立で東京都千代田区丸の内に本社を置く製鉄企業である。従業員数16,150人（社内在籍者、2011年3月末）、資本金約4,195億円、連結売上高4兆1,097億円、連結経常利益2,263億

---

[15]　日本製鐵HP「沿革」2020年10月2日アクセス
https://www.nipponsteel.com/company/about/history/index.html
[16]　新日本製鐵公式HP「会社概要」2011年11月13日アクセス
http://www.nsc.co.jp/company/profile/index.html

円、主要事業は製鉄、エンジニアリング、都市開発、化学、新素材、システムソリューションである。

　同社の社史概要[17]は次のようになる。

　1857（安政 4）年、釜石で日本初の洋式溶鉱炉の出銑に成功する。1875（明治 8）年、工部省が釜石に製鉄所の建設着工、1897（明治 30）年、農商務省は八幡に製鉄所の建設着工、1901（明治 34）年、官営八幡製鉄所が創業開始する。1934（昭和 9）年、製鈇合併により日本製鐵㈱創設、そして戦後、1950 年、高度経済力集中排除法に基づき解体され、八幡製鐵㈱、富士製鐵㈱、日鐵汽船㈱、播磨耐火煉瓦㈱として発足する。1970年、八幡製鐵と富士製鐵の合併で新日本製鐵㈱が発足する。1990 年、スペースワールド開業、2001 年、新日鉄ソリューションズ㈱設立、2002 年、新日鉄都市開発設立、2006 年、新日鉄エンジニアリングおよび新日鉄マテリアルズを設立した。

　㈱スペースワールド[18]は 1988 年 7 月設立、北九州市八幡東区東田四丁目に本社を置く。スペースワールド営業開始は 1990 年 4 月 22 日、資本金 1,000 億円、代表取締役社長、加森公雄氏、主な事業内容はテーマパーク、博物館、各種展示および宇宙疑似体験施設、商品販売施設、飲食施設、宿泊施設の経営である。テーマパーク「スペースワールド」の施設概要は、層敷地面積 24 万㎡（駐車場を含む）、アトラクション「ザターン」「惑星アクア」「ラッキーランド」等、34 アトラクション、物販施設 5 店舗、飲食施設 8 店舗、他、軽食スタンド、ワゴンサービス等である。スペースワールドは加森観光グループ（札幌市）のパークマネジメント㈱に運営されている（2012 年当時）。

---

[17] 新日本製鐵公式 HP「沿革」2011 年 11 月 13 日アクセス
http://www.nsc.co.jp/company/history/index.html
[18] スペースワールド公式 HP「会社概要」2011 年 12 月 4 日アクセス
http://www.spaceworld.co.jp/company/index.php

スペースワールドは 2005 年、民事再生法を申請し、加森観光㈱[19]に経営譲渡した。加森観光㈱は、1981 年設立、資本金 8 億 1,860 万円（2007年当時）、代表者、加森公人氏、札幌市中央区に本社、東京都中央区銀座に東京支社を置く。営業種目は旅客運輸業務、観光施設、ホテルの経営、スポーツ施設の経営、飲食店、売店、娯楽施設の経営、不動産の開発、賃貸に関する業務である。

　加森観光に経営されるも、スペースワールドは 2016 年 12 月末に閉園になった。加森観光は「経営難が理由ではない」という。関係者によると、土地を保有する新日鉄住金と賃貸契約更新の交渉が不調に終わったようだ。新日鉄住金は土地の新たな貸出先を探るとともに、アトラクションの処分を運営会社と協議する。加森が引き継いだ後はユニークな企画で集客が安定し、2016 年 3 月期には最高益を達成した。閉園後も運営会社は存続し、計 100 人の雇用も維持する。飲食や物販など同社が持つ運営ノウハウを生かして北九州市内で新事業を検討した[20]。

　そして 2018 年、スペースワールド跡地は西日本最大級のイオンモールとなった[21]。

3．「鉄冷え」と新日鉄の多角化

　新日鉄はスペースワールド開業の 1990 年当時、売上高世界一の製鉄メーカーであった。元々、官営八幡製鉄所なので堅い社風であった。それなのに鉄から最も遠いテーマパークに多角化したのは、本業の鉄の生産量減少、韓国の追い上げなどが原因であった。新日鉄は 1987 年にスペース

---

[19] 加森観光株式会社公式 HP「会社概要」2011 年 12 月 4 日アクセス
http://www.kamori.co.jp/overview/
[20] 日本経済新聞「スペースワールド 17 年末閉園「経営難が理由でない」」
（2016/12/16）2020 年 10 月 2 日アクセス
https://www.nikkei.com/article/DGXLASDZ16I76_W6A211C1TI5000/
[21] 朝日新聞デジタル「スペースワールド跡地のイオン、西日本最大級に」
（2018 年 2 月 20 日）2020 年 10 月 2 日アクセス
https://www.asahi.com/articles/ASL2M41PSL2MTIPE00L.html

ワールド設立を決め、1988 年 7 月に㈱スペースワールドを設立させた。新日鉄の設立後、売上高のピークは 1980 年の 3 兆 1,260 億円であった。円高不況に見舞われた 1986 年と翌 1987 年は 2 兆 1,000 万円台まで落ち込んだ。成長分野に活路を見出すしかなかった。当時の古賀憲介副社長は「従来の鉄だけでは成長のチャンスはなく、市場が急速に成長しているエレクトロニクス、情報通信、都市開発、生活開発などの分野に進出する必要がある」と述べた（岩淵, 1990, 68 頁）。

1987 年、新規事業を開拓するため開発企画本部が設置された。このとき事業を「製鉄」「近鉄」「超鉄」「非鉄」に分けて挑戦する考えが打ち出された。このキーワードの発案者はスペースワールドの奥山敏弘副社長である（岩淵, 1990, 69 頁）。

1984 年、武田豊社長（当時）は株主総会で新規事業を推進し、総合素材メーカーを目指すと表明した。1986 年にエレクトロニクス事業部を発足させた。1987 年、事業目的に「教育・医療・スポーツ施設の経営」「バイオテクノロジーによる農水産物等の生産・販売」が加えられ、ライフサービス事業部が新設された。同事業部では推進事業を「生活開発」「余暇開発」「マネジメント開発」の 3 グループと 15 事業に分けた。余暇開発グループは、①レジャー、②スポーツ、③ホテルである（岩淵, 1990, 72 頁）。

新日鉄がライフサービス事業で手がけようとした事業は「非鉄」の世界であり、有望な市場でもノウハウがないのに成功する保証はなかった。レストラン「ニラックス」はすかいら～くと組み、成功した。シルバーマンション「サンビナス」は日鉄ライフという不動産会社があったため成功したと考えられている（岩淵, 1990, 75 頁）。

ライフサービス事業で絶対成功させなければならないのがスペースワールドであった。斉藤裕社長（当時）は「新規事業の目玉」と強調した（岩淵, 1990, 76 頁）。K 氏も「当時スペースワールドは斉藤社長プロジェクトと言われていました。社長が積極的に事業を推進していました」と言う。

4．北九州ルネッサンスと地域振興

八幡製鉄所の存在自体が地域貢献

1901（明治34）年、官営八幡製鉄所が操業開始したとき、八幡村は人口1,200人強の寒村だったが、日露戦争後の製鉄所拡張などで従業員と家族が増加した。同時に関連企業の勃興も促し、八幡の人口は1926（大正15）年には約13.2万人に増えた。製鉄所に人が集まり、街はその後できたと言われている。つまり**八幡製鉄所の存在自体が地域貢献**だった。第一次オイルショック前まで、新日鉄八幡の福利厚生が地域社会への文化発信だった。夏にクレイジーキャッツなど売れている芸能人を呼んでプール上でカーニバル、秋は体育館で美空ひばり、都はるみといった当時最も人気の歌手による慰安会、それも三交代制の従業員全員が見られるよう一週間タレントを丸抱えした。しかし華やかで豪華なイベントは数回の合理化の後に廃止された。社会人スポーツも同様となった。昭和30〜40年代にかけて破竹の勢いを誇ったバレーボール部は堺製鉄所（大阪）の稼動に伴い1967年に堺に移った。同年、バスケットボール部は君津（千葉）に構成メンバーごと移動した。新たに作った製鉄所の士気高揚が狙いで「一時君津は北九州弁一色になった」とも言われた。八幡には空き家の社宅だけが増えていった。北九州が文化不毛の地と揶揄されるのは、八幡製鉄所の福利厚生のイベントと合理化による廃止があるからと言われている[22]。

新日鉄の福利厚生で豪華なイベントが行われ、それを新日鉄の従業員と地域住民は無料で見ることができた。いつしかこの地域にはお金を払ってイベントを見たり、エンターテイメントを楽しむ地域性が無くなった。北九州市は新日鉄の**企業城下町**なので、新日鉄の減産と合理化、人員削減などの影響を強く受ける。スペースワールド構想が持ち上がった頃、北九州市でも地域振興に向けて大きな動きが起こった（岩渕, 1990）。

---

[22] 1991年3月9日　日本経済新聞　地方経済面　九州B　14頁「第9部企業と地域文化（5）栄光去り祭も小さく（豊かさを考える九州報告）」

末吉市長が地域再生のため「北九州ルネッサンス」発表

　1987 年の市長選挙で北九州市出身の末吉興一氏が当選した。同市の活性化を図り、かつての四大重工業都市の栄光を取り戻したいと考えていた。末吉市長は市内に工場を持つ企業に対して遊休土地の有効活用を呼びかけた。末吉氏は東京大学法学部卒で、建設省から国土庁に出向し、土地局長を最後に官僚人生に終止符を打ち、地元に戻り、地域活性化させようとした。北九州市の人口は 1981 年以降、減少し、1985 年以降の円高不況とそれに伴う産業構造転換が同市の産業活動を停滞させ、人口減少に拍車をかけた（岩淵, 1990, 212 頁）。

　1986 年に八幡製鉄所の総務部長に就任した奥山敏弘氏は、末吉市長と八幡製鉄所の所長の定期会談を設定した。末吉市長にとって、北九州市の活性化は八幡製鉄所抜きでは推進できなかった。新日鉄にとって、自治体のバックアップがなければ、発表から 2 年で開業にこぎつける計画はおぼつかない。新日鉄にとって、同市が地域活性化のために新しい都市計画を策定し、その計画の中にスペースワールドを一つの柱と位置づけてくれるとありがたい。両者の利害が一致した。同市は末吉市長の指揮で北九州ルネッサンスを推進することになった（岩淵, 1990, 212-222 頁）。

　末吉市長は北九州市の活性化のために 1988 年に、2005 年を目標年次とした**北九州市再生ビジョン「北九州市ルネッサンス構想」**を発表した。ルネッサンスと名づけたのは、重厚長大産業中心の産業構造を転換し、昔の栄光を取り戻したいというのが市民の願いだからである。重厚長大産業をハイテク産業化し、さらにサービス産業を盛んにして若者も住みやすいアメニティな都市にしようとした。その開発コンセプトは産業と都市文化が融合した新しい都市核であるアーバンコア八幡の創造であった。土地利用計画としては 5 つのゾーニングを行った。①アミューズメント・レジャーゾーン：スペースワールドを中核として都市型レジャーを発展させる。②産業文化ゾーン：近代鉄鋼発祥の地にふさわしい産業技術の発展をテーマとした博物館や、1901 高炉を核として、現代彫刻の屋外展

示や各種のイベントを行うメモリアルパークを整備する。③ハイテク産業ゾーン：国際技術交流の基盤となりうる研究開発集約ゾーンで、平野地区の国際交流ゾーンとも関連する八幡駅北側のゾーンである。④商業・業務核ゾーン：八幡東地区最大の商業集積のある中央商店街を中心とした中核商業・業務集積の形成をはかる。⑤既成市街地を含むゾーン：遊休土地活用が住宅中心に行われる地域で近隣の既存商業の活性化が期待できる（岩淵, 1990, 218頁）。

新日鉄にぶら下がり努力しない地元住民

　スペースワールド建設が発表されたとき、北九州市はかつての栄光を取り戻せるという期待で沸き返った。八幡地区では、かつては商店も新日鉄の指定店になるだけでさしたる努力なくして生活できた。そのため努力を忘れていた。八幡製鉄所の従業員数が減少して売上が落ち、閑古鳥が鳴いても北九州市や新日鉄がなんとかしてくれるという考えが染み付いた地元は、事態打開の何の努力もしなかった。スペースワールド発表のときは歓喜したものの、異例のスピード開業で2年後に開業であっても、2年も先のことなので潮が引くように冷めていった。1989年に同市が「八幡東区東田地区周辺整備計画」を発表して、ようやく腰の重い地元商店街も動き出し、スペースワールドをきっかけに何とかしようと考え始めたのである（岩淵, 1990, 223頁）。

　K氏は「かつては八幡製鉄所だけで4～5万人の従業員がいました。三交代制勤務で、八幡の門から次々に人（新日鉄の従業員）が出てきて、飲食店に吸収されていったものです。社員は一ヶ所に3年程度で異動しておりましたので、単身赴任者が多かったです。そのためランチや仕事終わりの夕食は外食が多くなり、地元の飲食店は賑わっていました。新日鉄の社員の信用力は地元で絶大でした。新日鉄の名刺でつけで飲めると言われていたほどです。どこに異動しても単身赴任用の寮や会社借上げの物件がありました。まじめに働いている限り、新日鉄が必ず給料を振り込ん

でくれます」と言う。彼らの活発な消費に支えられた地元商店街は、それほど努力しなくても生活できた。しかし企業城下町は、当該企業の従業員数減少の影響を強く受ける。

K 氏は「当時の**新日鉄の信用力は絶大**で、新日鉄が債務保証をして銀行から融資を受けました。そのためスペースワールド社は銀行から簡単に融資を受けることができました。それが累積されていくことになりましたが。テーマパークは巨大な装置産業なので、初期投資額が巨大です。資金調達力によって施設の規模や内装に差が出ます」と言う。

5．ライフサービス事業への多角化
エデュテイメント

エンターテイメント（娯楽・遊び・楽しみ）とエデュケーション（教育）を合わせた造語を**エデュテイメント**という。一部テーマパークで盛んに取り入れられている。キッザニアは、子供が楽しみながら社会・職業体験できるエデュテイメント施設である。本来苦痛な勉強に楽しみを加えたのがエデュテイメントである。また小学館からドラえもんの漫画で学習する教科書が発売され人気を呼んでいる。

新日鉄の堅い社風を考慮すると、エンターテイメント性のみのテーマパークではなく、教育要素を備えたエデュテイメントにする企画を出して常務会を通過させた。新日鉄の前身は**官営八幡製鐵所**という国営企業なので、非常に堅い社風である。

NASA のスペースキャンプ

1995 年度を目標とした中長期経営計画（ビジョン）が発表され、新規事業にかける意気込みが明らかになると、新日鉄に新規事業に関する様々な話が持ちかけられた。その一つに NASA（米航空宇宙局）が新日鉄と組んでスペースキャンプ（宿泊型宇宙体験施設）を日本でシステムとしてやりたいという話があった。スペースワールド社の奥山副社長は「全天

候型スキー場、ドーム球場、ゴルフ場など約 20 の話が持ち込まれ、その一つがスペースキャンプだった」と言う。その後、NASA のスペースキャンプを日本でやるにはライセンスが必要なので、本社に話をつないだ。1987 年 7 月、新日鉄はライフサービス事業部およびその中に余暇開発事業部を立ち上げ、スペースキャンプを建設を目指した。それを N プロジェクトと名づけ、極秘とした（岩淵, 1990, 82 頁）。

当時全部で 19 社が NASA のスペースキャンプのライセンス契約にエントリーしていた。プレゼンテーションの結果、8-9 社に絞り込まれた。その中には、石川島播磨重工業、韓国のラッキー（現 LG）、三菱商事、日本航空、神戸ワールドグループ（日商岩井、神戸市、ダイエー、伊藤ハム等）などが名を連ねていた。このライセンス契約は、最終的に新日鉄が勝ち取った（岩淵, 1990, 88-89 頁）。

当時宣伝広報課長の K 氏は「当時は多くの企業がテーマパークに進出しようとしていました」「当時は多角化経営ブームで、新日鉄がこのような事業に進出することは、今思うほど違和感はなかったです」と言う。1990 年当時、東京ディズニーランド大成功で全国で 50 以上のテーマパーク計画があった[23]。

新日鉄は速いペースでライセンス供与の意思表示を受けるに至った。実際のライセンス契約を結ぶ相手は US スペースキャンプ財団である。同財団にも契約を急ぐ事情があった。同財団はスペースステーションのフルモデルを備えた施設をフロリダに第二キャンプとしてできるだけ早く設立したかった。この第二キャンプの建設資金を調達するため、①クイックレスポンスできる、②建設後速く立ちあがれる、③イニシャルペイメントと運営のロイヤルティが期待できる、という 3 条件を満たすところと契約する必要があった（岩淵, 1990, 96-97 頁）。

---

[23] 1990 年 2 月 15 日　日経流通新聞　3 頁「テーマパーク―開設ラッシュで乱戦模様（マーケティング TODAY）」

スペースキャンプを建設する候補地には、八幡製鉄所、堺製鉄所、君津製鉄所などが挙がっていたが、八幡になった。その理由は、①集客力では首都圏の君津や大阪の堺が優れているが、北九州はレジャー施設の空白地帯なので魅力的、②地元の北九州市が誘致に積極的で協力を得やすい、③九州には宇宙開発事業団（NASDA）の種子島宇宙センターや文部省宇宙科学研究所の内ノ浦などのロケット発射基地があり、スペースアイランドのイメージがある。

　K氏は「北九州は伝統的に新日鉄の従業員が多く、裕福なエリアと言われていました。それは新日鉄の給与水準が高いためです」と言う。そのエリアの経済力も決め手になったと考えられる。

　1987年12月3日、東京・大手町の新日鉄本社19階の大会議室で「総合スペース体験ランド・スペースワールドの事業化」についての記者会見が開催された。新日鉄が宇宙をテーマとしたレジャー施設経営に進出するというので、会場には200人近い報道陣が集まった。この種の記者会見に珍しく斉藤社長も出席し、正面に座った。新規事業担当常務（後の副社長）の杉山和男氏、ライフサービス事業部長の鈴木直彰氏も並んだ。日本初の宇宙体験ランドとしてスペースワールドを事業化し、その核となる施設はスペースキャンプである。それは青少年を対象にNASAの資料と援助に基づいて開発された3〜4日の宇宙飛行士訓練カリキュラムをベースに宇宙を模擬体験できる施設である。子供は数学や科学の勉強のきっかけになる。そうした子供が大人になってから宇宙、医学、科学の発展に貢献してほしいという目的が説明された。最初はエデュテイメント施設として位置づけられていた。

　その日の19時からホテルオークラ別館2階の春日の間で開催されたスペースワールドの発表披露パーティが行われた。そこでそれまでの新日鉄では考えられないパフォーマンスが行われた。会場にはアイアンガールが宇宙服を思わせるジャンパーを着て左右に並び、レーザー光線が飛び交った。司会者が斉藤社長とアラン・シェパード氏（アメリカ初の宇宙

飛行士）を壇上に呼び上げると、二人は掛け合いの漫才のように言葉を交わした。壇上の斉藤社長が上着を脱ぎ、NASA の宇宙飛行士が着るのと同じようなジャンパーを着て、ひさしの大きい宇宙飛行士用の帽子をかぶって見せた。会場の来客の中に入ってからも、斉藤社長はジャンパーと帽子を着けたままであり、ジャーナリストの岩淵昭男氏に「どうです。似合うでしょう」と言った。この演出は、最終消費者を顧客にしている企業では珍しくないが、堅い新日鉄では考えられないことで、行ったこと自体に意義があったと言われている（岩淵, 1990, 98-100 頁）。

　K 氏も「当時の新日鉄の社風を考えると、画期的なパフォーマンスでした」と言う。

コンセプト変更と外部の専門家

　スペースキャンプは教育を目的にしているものの、世の中で教育がテーマで大量集客を長期間可能にしているのは学校のみである。アメリカのテーマパークを全て調べると、教育だけという施設はなかった。集客にはエンターテイメント性が必要である。八幡製鉄所はバックに宇宙センターを持っていないので、宇宙開発に使った本物を持ち込むことはできない。つまり本物の迫力を出すことができない。それでは第二期、第三期で閉園に追い込まれる可能性がある。スペースワールドは北九州地区の地域開発・地域活性化のため大量集客装置としての役割を期待されていた。記者会見で杉山副社長は年間 100 万人の集客を期待していると発表した。つまり 100 万人の集客を目指すためには、教育施設（スペースキャンプ）以外にエンターテイメント部門を充実させる必要があると気づき、コンセプトが変更された（岩淵, 1990, 106-109 頁）。

　アメリカのテーマパークのコンサルタント会社 ECS（Economic Survey Consulting）のドン・スチュアート社長と接触し、プロの目で八幡製鉄所を見てもらった。本格的なフルスケールのテーマパークならば年間 300〜400 万人程度の集客を見込めると太鼓判を押された。最初小さ

いものを作り、初期投資額を小額に押さえ、二期、三期と施設を増やし、最終的に総合宇宙レジャーランドにする構想だった（岩淵, 1990, 111 頁）。

効率と生産性第一主義から顧客志向への転換

当時新日鉄の武田豊会長と斉藤社長からソフトはアメリカから学ぶよう言われていた。それまでの新日鉄は**効率や生産性第一主義**で、生産者の理論に立っていた。ライフサービス事業部では、ハードウェアを効率よく動かすためのソフトウェアではなく、生活者の論理である何を楽しく、何を感じるのかと言う「ハートウェア」（滝本部長の造語）のスタンスでサービス事業を手がけることが重要と考えた。滝本部長はライフサービス事業部のスペースワールド担当部長である。新日鉄はテーマパーク参入を通して、大きな社風の転換が生じていた（岩淵, 1990, 112-113 頁）。

第 3 セクター方式、新日鉄グループが株式 51% 保有

1988 年 7 月 11 日、スペースワールドの運営会社である㈱スペースワールド（以降、スペースワールド社）は、国、福岡県、北九州市も加わった**第 3 セクター方式**で設立された。スペースワールド社の主要株主は、新日鉄、日鉄商事、日鉄ライフの新日鉄グループ他、福岡県、北九州市、産業基盤整備基金、三菱商事、伊藤忠商事、日商岩井、日本興業銀行、九州旅客鉄道（JR 九州）などである。予定通り**新日鉄グループが 51% と過半数株式**を保有した。1990 年 3 月時点での資本金は 20 億円である（岩淵, 1990, 140 頁）。

外部のコンサルにぼったくられた可能性あり

設立に際して、社外の専門家に依頼し、新日鉄にノウハウが無い部分を補った。スペースワールドのコンセプトは教育を目的としたスペースキャンプ中心から、エンターテイメントのためのパビリオン群で大規模集客を目指すレジャーランドに切り替えられた。1988 年 3 月の常務会では、

路線変更で開業までに 250 億円という膨大な投資をすることが認められた。この投資回収が長期に及ぶことは間違いなかった。それに初期投資額が 250 億円で納まる保証は無い。実際、300 億円にまで膨らんだ。

　K 氏は「**初期投資額 300 億円**と言うのは、高く感じるかもしれませんが、東京ディズニーランドの初期投資額は 1983 年頃の物価で 1,800 億円でした。スペースワールドは 1988 年頃の物価で 300 億円ですから、規模はディズニーランドの 6 分の 1 程度です。そのためテーマパークと聞いてディズニーのようなものだと思って行くと、大きく期待を裏切られます。ディズニーに比べたら小規模なものです。一度でもディズニーに行ったことがある人にとって、スペースワールドは面白くなかったと思います。テーマパークは実は巨大な装置産業ですから巨大資本を持った大企業が一気に投資する産業です。だから個人で起業するのはまず無理でしょう。個人で起業した人はハウステンボス創業者の神近義邦社長だけだと思います。だから彼はカリスマです」と言う。

　K 氏は「もう一つの問題ですが、新日鉄にとって全て初めてのことでしたので、外部のコンサルティング会社などに依頼しました。その顧問料を適正価格以上にとられた可能性を否定できません。建設費も、製鉄のプラントなら適正価格が分かりますが、ジェットコースターやメリーゴーランドでは適正価格が分かりませんでした。粗鉄の質と重さと量と輸送距離でしたら、適正価格が分かりますので絶対にボラれない自信がありますが、テーマパークの建設資材の適正価格は分かりませんでした。当時、新日鉄は請求額に対する支払い能力はありましたので、言い値で払ったと思います。今さら確認できないことですが」と言う。ここから非関連多角化の難しさと、経済力ある企業を相手に適正価格以上の請求をして利益を上げようとする業者がいる可能性が示唆されている。

スペースワールド駅設置と行政の支援

　八幡東区東田地区周辺整備計画では、土地利用計画で 5 つのゾーニン

グを考えたが、計画を遂行するために交通体系の見直しが必要となった。交通体系の中でも JR スペースワールド駅の新設は JR 九州にもメリットがあるとして、JR 九州の石井社長（当時）に JR 鹿児島本線の直線化を依頼した。当時八幡製鉄所の周りで急に曲がっている路線が直線化されると、約 2,500 メートルから約 1,700～1,800 メートルに短縮される。

　末吉市長が「自分たちのプロジェクト」という意識を持ち、できることは全て行った。例えば、スペースワールド社は「スペースワールドは行政のあらゆる分野に関係するため、総合的なセクションを作ってほしい」と市に要望したら、都市計画局を窓口としてスペースワールド社の便宜を図ってもらえた。スペースワールドの駐車場はリストラクチャリング法を適用し、国と北九州市がそれぞれ 3 分の 1 ずつ負担し、スペースワールドは 3 分の 1 の負担ですむようになった。ここで言う**リストラクチャリングとは、再構築**という意味であり、バブル崩壊後に盛んに行われた**人員削減**ではない。

北九州経済界のスペースワールド関連事業

　スペースワールドの建設が進むと、北九州の経済界でもスペースワールドに絡んだ事業計画が相次いだ。その一つが土星の形をした客室を備えた双胴客船を小倉、下関から北九州八幡地区のスペースワールドまで就航させ、海路で顧客を運ぶという計画であった。そのクルージング事業を始めたのは北九州市の西日本海運、製鉄曳船、関門汽船の三社で、3 分の 1 ずつの共同出資で資本金 3,000 万円の新会社「スペースクルーズ[24]」を北九州に設立した。運行開始は 1990 年 7 月で、使用する客船を三菱重工下関造船所で建設していた。この計画は、車、バス、JR を利用する他に海上輸送はできないかというスペースワールド社の要請に、地元の企

---

[24] よかとこ BY 九州「九州の船」によると、同船は 2008 年 11 月 30 日をもって廃止されている。2011 年 12 月 10 日アクセス
http://www.yado.co.jp/ship/voyager/voyager.htm

業が応じてスタートした。運航する船も、宇宙をテーマとしたスペースワールド向けであった。技術的には三菱重工が開発した揺れない船（HSCC＝ハイ・スティブル・キャビン・クラフト）の技術を採用した世界で初めての実用船である。客船は土星の形をしており、双胴の上に建設される。この世界で初めての揺れない船は軽合金製で、全長 16.5 メートル、幅 9m、深さ 2.6m、総トン数約 110 トン、航海速度 17 ノット、旅客定員 200 人である。スペースクルーズ社は 1990 年に九州運輸局から航路新設を認可された。当初出発時刻を定めない不定期航路でスタートさせ、団体客を中心に月間 1 万 2,000～3,000 人の利用を見込んだ。運行時間は、小倉・砂津ースペースワールド間（約 19 キロ）が約 40 分、下関市唐戸ースペースワールド間（約 28 キロ）が約 1 時間、運賃は大人数千円である。スペースワールドへ客を運ばないときは洞海湾や関門海峡を遊覧する観光船として利用する（岩淵, 1990, 224-226 頁）。

スペースワールド社の組織と人材の特徴

　スペースワールド社が設立された 1988 年 7 月の時点で、1990 年 4 月のオープンまで残された時間は 1 年 9 ヶ月しかなかった。計画から開業まで 5 年はかかると言われていたテーマパークを 2 年程度でスピード開業にこぎつける計画だった。小池氏はテーマパークを巡り、スペースワールド建設に必要な要素を視察した（岩淵, 1990, 144 頁）。

　人事に関して、新日鉄からスペースワールド社へ出向を言い渡された社員の受け止め方は人によって異なる。希望した人は喜び、辞令に対して徴兵されればどこにでも行くのがサラリーマンと言って割り切った人もいた。抵抗した人もいたが、辞令が変更されることはなかった。

　K氏は「この当時スペースワールドは斉藤社長プロジェクトと言われ、マスコミ発表し、注目されておりました。世間ではディズニーランド成功でテーマパーク事業が花形でした。周辺事業に飛ばされたという風潮はありませんでした。それに当時、新日鉄では一ヶ所に 2～3 年程度で異動

しておりましたので、スペースワールドに異動してもまたある程度で別のところに異動すると思っていました。新日鉄はほとんどの人が、鉄が好き、鉄に関心があって入ってきます。理系の人は冶金科、金属工学、機械工学、電気工学、電子工学などの出身者が多かったです。私は昭和 51（1976）年に新日鉄に入社したのですが、当時新日鉄は日本で最大の企業でした。鉄鋼業では世界一の企業でした。トヨタ自動車が急成長したのは昭和 51 年からだったと思います。ですから日本最大（の売上高）の企業だからと入ってくる人もけっこういました。私は八幡（現北九州市）の生まれで、祖父も父も八幡製鉄（新日鉄の前身）に勤めておりました。そのエリアの人はみんな八幡製鉄に勤めていました。その影響もあって新日鉄に入社したいと思うようになりました。そのため鉄に思い入れはありましたが、当時**多角化経営の風潮**でしたし、鉄以外の仕事もしたいと思っておりました。色々な仕事を経験できてよかったと思います。とはいえ、スペースワールドに出向後、新日鉄からの出向者はみんなテーマパークが苦手でした。鉄の世界からテーマパークの世界に行って、どうしていいか分かりませんでした。業界に関する知見がありませんでした。スペースワールドの体質は新日鉄の体質のままでした。**みんな早く新日鉄に戻りたいので新日鉄の意向に沿いたい**と思っていました」という。

　K 氏は「新日鉄では社員は 2〜3 年に一度異動し、異動先で上司や先輩に教わりながら新しい仕事を覚えます。テーマパークはあまりにも未知の仕事で、新しい上司に仕事を教わろうとしたら、上司もその仕事に関する知識が無いんです。その場合、その上の上司に仕事を教わるのですが、その上の上司も同じで知らなかったんです。分からないことは自分で考えるというより、上司に教わって新日鉄のやり方を学びました。ところが、スペースワールドに異動してから、全員この仕事が分からないと気付いたんです。みんな非常にこの仕事が苦手でした。それまではどの部門に異動しても新しい上司に仕事を教われるので、安心して知らない部門に異

動できました。みんな初めて上司に仕事を教われないという事態に陥ったんです」という。

鉄鋼マンでサービス業に適応できる人は2割程度

　スペースワールド社の川村祐三社長は、**鉄鋼マンでサービス業に適応できるのは5人に1人**くらいではないかと言う[25]。つまりスペースワールド社設立後に、**サービス業に向いている人材が社内に少ない**ことが発覚したのである。

　スペースワールド社は設立当初、社員14名であったが、5ヶ月後29名に増えていた。全部門でどんどん人材を採用し、1990年2月の時点で社員270名（うち新日鉄からの出向者70名、株主からの出向者30名、新卒と中途採用者170名）になっていた。この他に、スペースワールドの運営に携わる準社員が200人いた。運営担当者をスペースワールドでは宇宙船の乗組員と言う意味でクルーと呼ぶ。この人たちはチーフクルーで、1年契約で毎年契約を更新する。その後も増員し、1990年4月22日の開業の時点で社員300名、準社員250名、休日などのピーク時にはアルバイト800名、テナント700〜800名となった。分野別に見ると、パビリオン関係が3分の1、ゲストリレーションが3分の1、エンターテイメント・物販・レストランが3分の1という比率になる。北九州地区にレジャー施設がないことから、地元で就職先として人気があり、バブル期であったが人材の確保は比較的スムーズであった。第三次中途採用のときは50名の募集に対して1,000人の応募があった。採用基準は、サービス産業経験者を即戦力として優先的に採用した。よかトピアや地方博覧会の経験者、ホテル、レストラン、物販に携わってきた人、人材派遣業関係も優先した（岩淵, 1990, 148-151頁）。

---

[25] 1994年4月22日　日本経済新聞　15頁「復権にかける新日鉄協調から競争へ（5）新規事業に期待と不安—情報通信・半導体。」

1990 年 2 月のスペースワールド社の組織は次のようになっている。トップが代表取締役社長、取締役副社長、10 の部、25 の課、3 の支店である。具体的には、総務部、人事部、広報宣伝部、営業部、運営総括部、アトラクション部、ゲストサービス部、アメニティサービス部、スペースキャンプ部、技術部である（岩淵, 1990, 149 頁）。

K 氏は「ショーダンサーが必要となった時、東京からショーダンサーやタレントを呼ぶとどの程度の料金なのか全く見当がつきませんでした。鉄鋼業で築いてきた経営資源が通用しないことが多かったです」と言う。

新日鉄の半分の給料と雇用責任

K 氏は社員の給与水準について「新日鉄からの出向組は新日鉄の給与水準のままでしたが、スペースワールド社の社員の給与水準は、単純に新日鉄の半分でした。例えば、新日鉄で年収 800 万の年齢ならスペースワールド社採用の人は 400 万、新日鉄で 1,000 万の年齢なら 500 万くらいでした」と言う。スペースワールド社は新日鉄の子会社とはいえ、地方中企業なので新日鉄のような給与水準は不可能なことが明らかになった。

K 氏は「スペースワールドの調子が悪くても、新日鉄に対して『雇用責任がある』と言われました」と言う。つまりスペースワールド社にではなく、雇用責任を問う声は新日鉄に向けられた。

広告宣伝費年間 10 億円

開業日の 1990 年 4 月 22 日は雨で、スペースワールドの入場者数は目標の 4 万人を大幅に下回る 5,454 名であった。武家の商法の多難な船出となったのである[26]。

K 氏は言う。「予想を下回る集客力に危機感を感じ、新しく絶叫マシンを導入したり、<u>一時間圏をターゲットに宣伝を強化</u>したりしました。一時

---

[26] 2011 年 6 月 11 日　日本経済新聞　夕刊　5 頁「校長先生は元鉄鋼マン」

間圏とは、車でも電車でも家からスペースワールドまで一時間以内で到着する層です。そうすると福岡県内と山口、広島くらいまでです。ライバルはハウステンボス（長崎県）とシーガイア（宮崎県）でした。しかしどこも集客に苦戦しておりましたし、商圏が重ならないこともあり、敵ではなく、むしろ協力し合って集客に励みました。旅行代理店に九州旅行のツアーにスペースワールドを組み込んでもらうなどしました。**広告宣伝費は年間約 10 億円**でした。地方の中小企業で考えられない額です。広告だけでなく、通常の広報とも異なり、営業広報として地域のテレビ局にスペースワールドの特集を組んでもらったり、ニュースで取り上げるようにお願いしました。新日鉄の広報とは性質が違いました。新日鉄の広報は企業防御で、イメージダウンにつながる記事を書かれないようにすることで、対象雑誌は『財界』や『文芸春秋』でした。スペースワールドの広報は、楽しい場所として紹介してほしくてアプローチしました。対象雑誌は『女性自身』やティーン誌でした。新日鉄の広報をスペースワールドで生かすことができませんでした。」

　K 氏は「新日鉄でのスペースワールドの位置づけは、事業としては失敗しましたが、地域活性化、東田地区の開発、北九州市の発展と言う点では貢献できたため、それなりに成功とされております。斉藤社長プロジェクトと言われておりましたので、1993 年に社長を退いて会長になってからは、プロジェクト自体が衰退しました。次の今井社長は 1993 年と言うバブル崩壊後に就任したこともあり、**本業回帰**に積極的で、スペースワールドに対する流れが大きく変わりました。そうしたら、新日鉄社内でスペースワールド、なんでうちがやってるの、うちがしなくちゃいけない事業なの、と言う声が聞かれるようになりました」と言う。テーマパーク事業に積極的なリーダーが事業推進に必要なことが明らかになった。

中小企業なのに新日鉄のままの潤沢な経費

　K 氏は「**中小企業なのに予算管理は新日鉄のまま**でした。私だけで毎

週北九州から東京に出張して、ビジネスクラスで移動していました。新日鉄では当時飛行機は全部ビジネスクラスで、新幹線はグリーン席でした。テーマパークの視察や契約でアメリカにも随分出張しました。まだ格安航空券が出る前のことです。新日鉄は、今は厳しくなっていますが、当時は経費の執行に穏やかでおっとりしていました。中小企業は経費の執行にもっとシビアだと思います。ちょっとした移動はタクシーで、私（当時課長）だけでもタクシーチケットを札束で持っていました。出張するといえば何か仕事があると判断され、出張させてくれました。ただしバブル崩壊後、ビジネスもグリーン席も廃止されています」と言う。つまり中小企業にふさわしくない潤沢な経費を、大企業並みの穏やかな管理下で執行し、経費高の体質だったことが明らかになった。同社の盛んな経費執行で地元や交通機関が潤い、それが社会全体に波及したことが伺える。

　K氏は人材育成とホスピタリティに関して「遊園地ならば、従業員は乗り物に乗ってもらうサービスをこなすだけでいいのですが、テーマパークならばホスピタリティ、おもてなしが必要になります。しっかりした人材育成を行い、テーマパークに合った制服を作り、費用をかけました。例えば、三井グリーンランドは遊園地で、空いている平日は一人のアルバイトが2〜3種類の乗り物を掛け持ちして経費削減しています。スペースワールドは低コスト運営の遊園地なのか、高コスト高品質のテーマパークなのかで中途半端になってしまったと思います」と言う。

　雇用に関してK氏は「スペースワールドを計画した時点で、深刻な円高不況でしたが、スペースワールド開業当時はバブル景気となり、雇用創出という点ではそれほど大きな貢献になりませんでした」と言う。

　K氏は「その頃、中国の発展が始まり新日鉄にとって鉄需要が急増しました。それで本業で十分利益が出るようになりました」と言う。これで新日鉄本体の景気が良くなり、スペースワールド社への投資が潤沢になったと思われる。

ホスピタリティ志向と JAL 子会社による接客指導

　スペースワールド社はゲスト（顧客）を楽しませる完璧な運営を目指した。スペースワールドはそこにいるだけで楽しい空間でなければならないと強調した。スペースワールド社の小池社長も「お客様をおもてなしする心が大切」「もう一度来たい、知人に紹介したいと思われるようになることを目指します」と、まずは安全で清潔な場所を目指した。北九州市は汚いというイメージがあったが、客に驚かれる清潔な施設を目指した（岩淵, 1990, 179-181 頁）。

　施設はゲストの立場に立つように心がけた。安全、清潔を徹底し、各パビリオンの外壁や屋根をカラフルにし、園内全体の見た目も楽しめるようにした。スペースワールドはゲストあってのもので、従業員は縁の下の力持ちに徹するよう指導した。多くの人が集まるテーマパークでは安全確保が最も重要である。そのためには園内の人の流れを的確に把握しコントロールする必要があり、従業員の管理も必要となる（岩淵, 1990, 181-186 頁）。

　行動理念を「四-グッド（フォーグッド）」とした。様々な企業のマニュアルを参考にした。Good-Safety（安全）、Good-cleanliness（清潔）、Good-Hospitality（おもてなし）、Good-Action（生き生き動作）である。これを具体的な形にまとめたのが「クルーシップ」というマニュアルである。1989 年 6 月に第 1 版が出版され、10 月には印刷物となったこのマニュアルを利用して社員教育を開始した。行動理念に関して、セブンーイレブン・ジャパンに話を聞きにいき、百貨店のそごうから人事管理のマニュアル提供を受けた。西武鉄道部ループの西武園や豊島園に視察に行った（岩淵, 1990, 191 頁）。このような協力を得られたのは新日鉄の後ろ盾があったからだろう。

　1989 年 4 月にクルー教育のための「クルーアカデミー」を開設し、本格的な教育を行った。最初に行ったのは社員を対象としたマナーインストラクターの養成であった。マナー教育を行っている日本航空の子会社

であるJALCOSに依頼し、三泊四日の研修を実施した。その後、1ヶ月ほどのOJT（On the Job Training：オン・ザ・ジョブ・トレーニング：企業内訓練）で10数名を育て、クルー教育を担当できるようにした。そして1年度契約の準社員の教育を本格化し、その後はアルバイトの教育を、そしてテナントのアルバイトの教育も行った。直営ショップもテナントもゲストにとっては同じなので、アルバイトの教育も同じように行い、同じレベルを維持しようとした（岩淵, 1990, 201-202頁）。

この教育についてK氏は「テーマパークならばホスピタリティが売りになるので本格的な従業員教育が必要となり、費用と時間をかけました。しかし実際は効率を上げる経営が必要だったのに、従業員教育にコストがかかり、中途半端になってしまいました」と言う。

6．追加投資から経営譲渡までの経緯
初年度44億円赤字と30億円の追加投資

初年度の事業収支は**44億円の赤字**であった[27]。そこで約**20億円を投資**して、大型ウォータースライダー「惑星アクア」を追加し、約10億円を投じて中央広場を整備した。年間200万人集客を目標にその後4〜5年間は**毎年25億円程度の投資**を続け、リピーターを確保する狙いだった[28]。

K氏は「新日鉄グループに入場券を買ってもらい、社員に福利厚生として配ってもらい、従業員に家族、友人と来園するよう協力してもらいました。入場者数は無料招待券での入場者も含まれますので、実際はそれより少ない入場者数だったと思います」と言う。

---

[27] 日本経済新聞　1992年5月8日　朝刊　11頁「テーマパーク"選別"の時代、入場者数で明暗—サービスの質向上が課題に。」
[28] 1992年7月17日　日本経済新聞　地方経済面　九州B　14頁「スペースワールド、新アトラクション来春からスタート。」

鉄の場合はユーザー（客）がいるのが当たり前

　創業から 4 年後の 1994 年 4 月、スペースワールド社の川村社長は「1990 年度は来園者数 185 万人、1991 年度に 162 万人と減少、このときは実際の減少以上に来客数減少を感じた」と言う。バブル崩壊の影響はあるものの、マーケティング戦略を欠いたことが最大の原因であった。**鉄の場合はユーザーがいるのが当たり前**なのでマーケティングの手法が全く違った」と言う[29]。

　「客がいるのが当たり前」とは計画経済（社会主義経済）のようだ。バブル崩壊後もディズニーは順調に入場者数を増やしたので、客数減少はバブル崩壊だけではないだろう。

民事再生法申請と加森観光へ経営譲渡

　大型アトラクション導入、宣伝、広報、ツアー商品を旅行代理店と作るなど様々な努力をしたものの、スペースワールド社は 2005 年、民事再生法を申請し、観光開発の加森観光（札幌市）に経営譲渡を行った。ここから地方中小企業としてよりシビアな合理化を進めていく。加森観光は 2008 年 9 月、2009 年 3 月までに正社員 100 名を 50 名程度まで削減し、アルバイトなど非正規社員の活用を進めることで人件費を圧縮する。来園者数の落ち込みに歯止めがかからずリストラが避けられないとの判断で、希望退職の募集を始めた[30]。

末吉市長は雇用確保と地域づくり継続を求めた

　2005 年 4 月 15 日、スペースワールド社の村山紘一社長はスペースワールドの経営権譲渡交渉について発表した。末吉市長は記者会見で「存続

---

[29] 1994 年 4 月 22 日　日本経済新聞　15 頁「復権にかける新日鉄協調から競争へ（5）新規事業に期待と不安—情報通信・半導体。」
[30] 2008 年 9 月 4 日　日本経済新聞　地方経済面　九州 B　14 頁「スペースワールド、3 月までに正社員半減。」

を前提に検討していただきたい」と雇用確保や地域づくり継続を優先するよう求めた。北九州市はスペースワールドに5%出資しており、宮崎哲助役が非常勤取締役になっていた。同助役は株主総会で退任し、新日鉄主導で再生プラン作りが進む見通しであった。民事再生法を申請することも選択肢に入っていたが、株主でもある北九州市としては、東田地区開発に発展的に寄与する方向での決着を望むと末吉市長は言う。北九州市は地域づくりの点から協力していく考えを示した[31]。

累積損失350億円、新日鉄が全額負担

2005年3月期の業績が若干の経常黒字になったが、入場者数は160万人強で減少傾向は止まらなかった。2004年3月期に減損会計を前倒しで適用した結果、減価償却費が軽くなり数千万円の黒字になった。減損処理した結果、土地を除く施設・設備の価値は20億円を下回ることを明らかにした。これをベースに譲渡価格などを詰めるが、関係者によると無償譲渡を検討しているという。これまでの経営について伊倉信彦社長は「過大な投資が経営悪化の原因、顧客を増やす、あるいは何回も着てもらうアイディアを出し切れなかったのかもしれない」と言う。譲渡を決めた理由として、餅は餅屋、専門家に経営してもらったほうがいい、加森観光の手腕を評価した結果と言う。350億円に上る累積損失に関して、新日鉄が「取引先には一円たりとも迷惑をかけないようにしたい」と全額負担する姿勢を示唆した。株主責任について、「出資することはリスクを負うこと」と言い、減資による株主負担も示唆した[32]。

スペースワールド社は、2005年5月13日、福岡地裁小倉支部に民事再生法の適用を申請した。資本金20億円を100%減資した上で、加森観

---

[31] 2005年4月16日　日本経済新聞　地方経済面　九州B　14頁「スペースワールド譲渡交渉—北九州市長、『存続前提に検討を』。」
[32] 2005年4月29日　日本経済新聞　地方経済面　九州B　14頁「スペースワールド、加森に無償譲渡も—新体制発足、前期『若干の黒字』。」

光が全額出資して、完全子会社にする。負債総額は約 350 億円で、約 200 人の従業員の雇用継続などの合意内容に沿って再生計画案が作られ、営業継続される。2004 年 3 月期には 331 億円の債務超過となっていた。新日鉄は 2004 年 3 月期までに債務超過分の引き当て処理などを済ませており、業績への影響はない[33]。

新日鉄は直接融資と債務保証の合計 350 億円債権棄却

　スペースワールド社の伊倉社長は「一番稼げる夏休みの前に営業を開始したい」と言う。加森観光は運営のための新会社を設立し、2005 年 7 月 1 日付で現在の従業員 200 名を雇用し、スペースワールドに派遣する形で業務を継続する。取引先に考慮し、同社は民事再生法適用の申請に当たって債務返済を禁じる保全命令を受けなかった。2005 年 4 月末に新日鉄から当面の運営資金として 20 億円の融資を受けており、約 300 社の取引業者への支払いなどは従来通り続ける。取引業者への説明会も開いた。加森観光への経営譲渡の方法には様々な選択肢があった。伊倉社長は「再生計画案の策定時の透明性確保や事業継続を大前提として民事再生法を選んだ」と言う。一方、新日鉄は**直接融資と債務保証分を合わせて約 350 億円の債権を棄却**する。新日鉄の三村明夫社長は「既に財務的には減損処理をしており、収益に影響はない」と言う。末吉市長は「雇用維持など我々の要望は受け入れられた」と評価している。ただ民事再生案が裁判所に認められれば、北九州市の出資分 1 億円も 100% 減資の対象になる。末吉市長は「減資の是正は再生計画案をみて判断するが、雇用維持や地域振興など一定の成果を出した」「投資は有意義だった」と言う[34]。

---

[33] 2005 年 5 月 13 日　日本経済新聞　夕刊　3 頁「スペースワールド、民事再生法を申請、負債 350 億円。」
[34] 2005 年 5 月 14 日　日本経済新聞　地方経済面　九州 A　13 頁「スペースワールド、民事再生法を申請、加森 7 月から実質運営、雇用など地元に配慮。」

2005 年 6 月 2 日、北九州市は市議会でスペースワールドに関して、福岡地裁小倉支部が資本金 20 億円の全額減資を許可したと明らかにした。北九州市は 5％に当たる 1 億円を出資していたが、地裁の判断を尊重して減資を受ける方針を示した[35]。

　同月 24 日、スペースワールドは福岡地裁小倉支部から再生計画案が認可されたと発表した。①新日鉄などによる約 350 億円の債権放棄、②100％減資後、スポンサー企業の加森観光が 1,000 万円出資し、子会社化することなどが柱であった[36]。

加森観光に変わってもそれほど向上せず

　2006 年 6 月 14 日、加森観光に変わって約 1 年経過した。業務内容の洗い直し、料金体系の見直し、新規投資などを実施し、再生を目指した。戸田義和スペースワールド総支配人は、2007 年 3 月期の目標は客数 180 万人で売上高 60 億円、経常利益 7.5 億円と V 字回復の目標を明らかにした。経営譲渡後、事業再構築の調整に追われた。2005 年 9 月に遊具のメンテナンスを自前に切り替え、2006 年春からの園内の植栽の手入れも自社で取り組んだ。加森観光はゴルフ場も手がけるので緑の手入れは得意分野である。経営譲渡後、30 人の社員が退社し、正社員 116 名になった。一連のリストラと並行して料金体系を見直し、入場のみを廃止して全てアトラクション込みの料金にした。新日鉄時代には社員向けの格安価格で入場者数を底上げしていたが、安売りをやめた。2005 年 3 月期に 165 万人だった入場者数が 1 割近く減ったのは新しい料金体系が大きい。客層には変化が見られた。25 億円を投資してゴールデンウィークに導入した絶叫マシンで 20〜30 歳代の若者の入場が以前より 20％以上増えた。

---

[35] 2005 年 6 月 3 日　日本経済新聞　地方経済面　九州 B　14 頁「スペースワールド、資本金全額減資、福岡地裁が許可。」
[36] 2005 年 6 月 25 日　日本経済新聞　朝刊　13 頁「スペースワールド、地裁が再生計画案認可。」

もう一つの重要ターゲットであるファミリー層はほとんど増えておらず、思惑が外れた[37]。

　新日鉄社員向けの格安チケットについて K 氏は「新日鉄がスペースワールドのチケットを買って、社員に福利厚生として配ってくれました。新日鉄には随分助けてもらいました」と言う。加森観光に経営譲渡されてからはこのような援助は受けられない。仮に加森観光が加森の社員に同じことをしても、社員数が圧倒的に異なるのでその効果は薄いだろう。スペースワールド社は親の保護を離れ、自立するしかなくなった。

　2007 年 12 月、体験型スケートリンクを導入し、それを含むパビリオン「スペースドーム」は通常営業が終わる 17 時以降も継続営業し、1,500円で 21 時まで遊べるようにした。それで仕事や学校帰りの近隣住民の平日需要を取り込む。一日滞在型の入園者には、園内のレストランに加森観光が運営する北海道のリゾートホテルから料理長を招くなど飲食・物販機能を強化した。滞在時間中の満足度を高める仕掛けを増やすことで単価を引き上げようとした。大人パスポート料金は 4,200 円と経営破綻前から 400 円引き上げ、アトラクションの利用を限定した 1,000 円の入場券も廃止した。収益面では人員の効率配置によるコスト削減効果があり、2008 年度にはスポンサー企業の協賛金を除いても営業黒字化できるところまでこぎ着けた[38]。

　しかし 2008 年 9 月、スペースワールドの正社員約 110 名を 50 名程度まで削減する方針が発表された。来場者の落ち込みに歯止めがかからず、リストラを避けられないと判断された。アルバイトなど非正社員の活用を進めることで人件費を圧縮する。この時点で希望退職を募集していた。

---

[37] 2006 年 6 月 14 日　日本経済新聞　地方経済面　九州 B　14 頁「スペースワールド譲渡 1 年、加森流、再生軌道に接近、新施設で若者客増加。」
[38] 2008 年 1 月 4 日　日経 MJ（流通新聞）19 頁「テーマパーク四半世紀—スペースワールド（北九州）、アフター5 に一滑りいかが。」

プールの開業など新規アトラクションの整備を進めてきたが、2008 年 3 月期の来場者数はピーク時の 7 割の約 147 万人に落ち込んでいた[39]。

スペースワールド設立からの経済効果

スペースワールドの経済効果は、一周年を迎えた 1991 年 4 月の時点で、初年度の目標だった 200 万人を達成したが、予期せぬ事態が多発した。奥山副社長は「初年度で約 30 億円の追加投資をしてようやく 90 点になったが、開業当初は 70〜80 点以下だった」と言う。ある地元の経営者は「当初は『世界の新日鉄』の傲慢さが鼻につき、その割に中身もたいしたことがなかった。だが悪口を言われ、変身を迫られたお陰でようやく良い施設が出来上がった」と言う。テーマパーク運営は 2 年目以降が正念場である。小池社長は「継続的な追加投資で常に魅力ある状態を維持させる」と言う。目標は年間 140 億円だが、初年度の平均客単価は当初予測の 6,500〜7,000 円に対し、実際は 6,000 円強で推移、初年度売上は 110 億円程度にとどまった。東京ディズニーランドも黒字になるまでに 4〜5 年かかった。客数を減らさずに客単価を上げる工夫が必要になる。地域への波及効果は、北九州市観光課が 1991 年 4 月にまとめた 1990 年 6〜11 月の同市観光動向調査（中間推計）によると、前年同期比で観光客数は 83 万 1,200 人も増えた。観光消費額も総額 161 億円で、前年同期より 101 億円も増えた。スペースワールドの効果が大きいとされた[40]。

7．発見事項と考察

本章では、新日鉄のテーマパーク事業参入の経緯と地域振興について考察し、次の点を発見した。

---

[39] 2008 年 9 月 4 日　日本経済新聞　地方経済面　九州 B　14 頁「スペースワールド、3 月までに正社員半減。」
[40] 1991 年 4 月 23 日　日本経済新聞　地方経済面　九州 B　14 頁「スペースワールド、開業 1 周年−雨対策やパビリオン改善、"変身"投資に 20 億円。」

第 1 に、鉄鋼業では最終消費者に販売することはなかったが、テーマパーク事業では最終消費者が直接の顧客となるので、考え方を変える必要が生じた。社長の記者会見でのパフォーマンス（宇宙服着用）など、それまでの社風では考えられない企業イメージ転換が始まった。

　第 2 に、テーマパークは巨大な装置産業で初期投資額が大きいほど、大規模パークを作ることができる。若者の集客に絶叫マシンが必要となるが、一基 20〜30 億円はかかるので資金力がなければ導入できない。

　第 3 に、鳴り物入りで始めた新事業であったものの、新日鉄からスペースワールド社へ出向した社員のほとんどがテーマパーク事業に対する知見が無く、どうしていいか分からなかった。社長は鉄鋼マンでサービス業に適応できる人は 2 割程度と気づいた。開業後、引くに引けなくなってから気付いたのである。

　第 4 に、外部の専門家にコンサルを依頼したが、新日鉄は適正価格が分からず、無駄な経費を支払った可能性を否定できない。また外部の専門家の集客力の見込みより大きく下回る結果となり、収支計画が狂った。

　第 5 に、スペースワールド社の企業体質は新日鉄そのもので、中小企業と思えない潤沢な資金力で経済を活性化させた。「最初『世界の新日鉄』の傲慢さが鼻についた」と言う人がいることから、殿様商売だったと思われる。また新日鉄の債務保証により、売上高に合わない銀行融資が可能となり、債務超過に陥った。民事再生法適用の際、新日鉄が 350 億円も債権棄却した。

　第 6 に、新日鉄社員は 1 ヶ所につき 2〜3 年で異動する。異動先で上司や先輩に教わりながら新しい仕事を覚える。これが日本的経営の OJT である。しかしテーマパークはあまりにも未知の事業で、上司もその上の上司も仕事を教えようがなかった。すなわち、異動先で上司に教わりながら新しい仕事を覚える仕組み（OJT）が崩壊したのである。新卒採用で上司に教わって新しい仕事を覚える仕組みにどっぷり浸かり、自分で考える文化が無いから、急に未知の世界に行って途方に暮れたのであろう。「自

分で考えるより上司に従う」とは日本的経営で終身雇用の会社では理想の人材であった。自分の人生の主役が会社のように感じる。令和の時代ではこうはいかない。真面目に働いている限り、新日鉄は必ず高い給料を振り込んでくれたから従う価値はあった。会社を信頼できた。同じ時代でも、もっと不安定な会社の社員はこうはいかなかっただろう。

　第7に、K氏の帰属意識と愛社精神はスペースワールド社になく、新日鉄にあると感じた。スペースリールド出向中もである。新日鉄からの出向組、とりわけ高学歴組は全員強い帰属意識が新日鉄にあったと思われる。新卒一括採用で終身雇用の古き良き日本的経営時代の男性大卒正社員を久しぶりに見た。今ではほとんど見られない。日本的経営の企業で中核人材は、①男性、②大卒、③正社員であった。彼らの愛社精神と滅私奉公に支えられ、日本経済は著しく発展した。

８．まとめ

　スペースワールド設立に関わる重要な人材はほとんど全員<u>東京大学法学部卒</u>であった。他のテーマパークのトップマネジメントも高学歴が多いが、ここまで東大法学部 OB ばかりの会社はテーマパーク業界では他にないだろう。しかも<u>全員男性</u>で、女性は一人も出てこなかった。新日鉄本体の会長や社長など役員、スペースワールド社の社長などの役員もこの学歴の男性である。北九州市の末吉市長まで東大法学部卒である。K氏は京都大学法学部卒の男性である。新日鉄はおそらく霞が関の官僚のような組織なのである。エンターテイメントの立ち上げには適さないだろう。サービス業に適応できる鉄鋼マンは 2 割程度である。スペースワールド社は中小企業なので、社員の学歴はそれほど関係ないと思われる。

　新日鉄からの出向組は、数年で新日鉄に戻れて新日鉄の給料が維持された。スペースワールド社の主役は、新日鉄から出向してきた高学歴組だったと感じる。

スペースワールド採用の社員は中小企業のシビアな経営にさらされた。加森観光がスペースワールドを経営すると正社員 50 名であったが、新日鉄の子会社ならば 300 名であった（1990 年時点で）。250 名も多い雇用を創出し地域活性化に貢献したと言える。つまり、スペースワールドは裕福な親会社にぶらさがる子会社だった。

　人間に例えると、裕福で強大な権力者の親にぶら下がるできの悪い息子であった。親が強力に援助するから自立しなくてもよかった。

　「親に 300 億円もらってテーマパークを開業したら、思ったより集客できなくて初年度 44 億円の赤字。お客さんはいるのが当たり前だと思ってた。マーケティングのやり方が違いすぎる。僕サービス業に向いてない。これでも東大法学部卒なんだけど。早く新日鉄に戻りたい。親に毎年 25 〜30 億円もらってアトラクションを追加した。経営譲渡する時、債務 350 億円、親に払ってもらって解決した」という経緯であった。

　最初に 300 億円、毎年 25〜30 億円、最後に 350 億円払ってくれた親の経済力は異常に高い。この経済力の親は他に類を見ない。経済力のみならず、権力、信用力、ブランド力ともに他に類を見ない強大な親であった。

<参考文献>
● 　岩淵明男（1990）『発進！スペースワールド』日本工業新聞社

第2章　トヨタ自動車のラグナシアと地域振興

1．はじめに

　全国で第3セクター（3セク）が観光開発、レジャー開発を行うも、経営難に陥り、民間が地方自治体に失敗した事業を押しつけて逃げるケースが多々ある。トヨタ自動車（トヨタ）が3セクとして取り組んだテーマパーク事業も経営難に陥り、民事再生法の適用を申請し、HISに経営譲渡された。

　事業としては失敗したものの、地域振興を目的として一定の成果は上がった。

　本章では、トヨタの第3セクターテーマパーク「ラグナシア」の企画から創設、経営難に陥り、大手旅行代理店HISに経営譲渡し、HISによる事業再生までの経緯を考察する。

　2020年現在ラグナシアを運営するのは㈱ラグーナテンボスである。同社は資本金約15億円、2014年5月設立、代表取締役社長、巽泰弘氏、本社、ラグナシア、フェスティバルマーケット、タルゴラグーナ、ホテルラグーナヒル、ラグーナの湯ともに愛知県蒲郡市海陽町、株主はハウステンボス㈱、㈱エイチ・アイ・エス、トヨタ自動車㈱、㈱デンソー、豊田通商㈱である[41]。なお、リゾート名がラグーナ蒲郡、その中核のテーマパークがラグナシアである。

2．ラグナシア誕生から経営難で譲渡するまでの経緯
バブル前に「海の軽井沢」構想

　バブル前の不況の1985年、愛知県議会で「海の軽井沢」という構想が持ち上がった。その後、バブル後期の1991年に愛知県や蒲郡市が、トヨタなど民間企業9社に呼びかけ蒲郡海洋開発を設立した。そして1995年

---

[41] 株式会社ラグーナテンボス会社概要　2018年2月3日アクセス
http://www.lagunatenbosch.co.jp/laguna/company/index.html

に海岸の埋め立て工事が開始された[42]。

愛知万博の会場として一時利用

2001年2月になると、2005年の日本国際博覧会（愛知万博）が具体化に向けて動き始め、愛知県東部で関連イベントの分散開催を実現させようとの機運が高まっていた。千載一遇のビッグプロジェクトを地域活性化に生かすため、蒲郡市沖で約120ヘクタール（ha）の埋め立てが完了した大規模リゾート地「ラグーナ蒲郡」も分散会場に名乗りを上げた。2000年、愛知万博の本会場に当初予定されていた「海上の森」（瀬戸市）の計画面積が縮小された際、幾度となく代替地候補として浮上し、そのたび地元は期待した。約1,000隻のヨット・ボートを収容するマリーナが2001年春に開業し、造波プールやウォーターライドなど海をテーマにしたアミューズメント施設が立ち並ぶ「ラグナシア」建設も、翌春完成を目指して始まった。ただしリゾートマンションや戸建て別荘、法人ゲストハウスなどの計画部分は、不況下で直ちに分譲が進むとは期待しにくかった。万博会場としての一時利用は渡りに船であった。万博協会は、分散開催を探る一連の動きを、万博が盛り上がり大変ありがたいと受け止めていた。一方で協会がどうかかわるのか整理できておらず、戸惑っていた。協会はあくまで本会場の運営が中心で、広域的な活動に対し共催という形にするのは難しかった。本体の事業内容が何も決まっていなかった[43]。

ラグナシアの詳細発表とPR

2001年10月、ラグナシアの詳細が発表された。蒲郡市海陽町の海洋型複合リゾート施設「ラグーナ蒲郡」の一角に2002年4月に開場する海

---

[42] 2002/11/14 日本経済新聞　地方経済面　中部 7 頁「ラグーナ蒲郡逆風下の船出（1）3 セクの常識打ち破れ（新天地を拓く）」
[43] 2001/02/24 日本経済新聞　地方経済面　中部 7 頁「「森林祭」など県東部のイベント、愛知万博と盛り上がれ――活性化期待（土曜ワイド）」

洋テーマパーク「ラグナシア」のアトラクションなどの詳細が明らかになった。蒲郡海洋開発が案内パンフレットを作製した。料金体系や営業時間、正式な開場日程は未定であったが、早々に営業活動に入る予定だった。ラグナシアは 10.8ha で、屋内、屋外施設が混在する。「伝説の海竜のすむ神殿遺跡などがあり、冒険者たちの集まる伝説の港湾都市」という設定である。アトラクションの目玉は、ラグナシアの宝を求めて車のような乗り物に乗って探検し、急停止、急発進、急降下などスリルを楽しむ「トレジャーハンティング」、丸太のボートに乗って神殿遺跡をクルーズする「レジェンドオブラビリンス」、モンスターをレーザーガンで退治する「ファイアファイア」である。「ディズニーシーとの大きな違いで、泳ぐことができる」と同社が PR する施設は「ウォーターパーク」で、大小の波が立つジャンボプールや全長約 230m の流れるプール、高さ約 15m の神殿遺跡から約 100m を滑り降りるウォータースライダーである。海のシルクロードをテーマに帆船などの資料を展示する「海と船のミュージアム」、世界のお茶を紹介する「ノンニーノ茶館」などの施設やレストラン、グッズ販売店、ナイトショーもある。同時オープン予定の商業施設「フェスティバルマーケット」（約 5.3ha）には、輸入ブランド品等のショッピングを楽しめる「ファクトリーアウトレット」「おさかな市場」「大観覧車」「シーサイドレストラン」が設置されると発表された[44]。

成功が危ぶまれ銀行撤退で「トヨタ頼み」に

　2002 年 3 月になるとラグナシアの成功が危ぶまれ、主要銀行が融資から撤退した。事業の成功が疑問視され、不良債権の拡大化をおそれた銀行団の撤退が決定した。その後の融資は資金力豊富な「トヨタ頼み」となった。バブル崩壊後、3 セクによる大型レジャー施設の失敗は全国で繰り返された。ラグーナ蒲郡も見通しの甘さや責任のあいまいさ、意思決定の遅

---

[44] 2001/10/24 中日新聞朝刊 21 頁「海竜神殿遺跡　宝探しの冒険　ラグーナ蒲郡の「ラグナシア」」

さなどが浮き彫りになった。臨時株主総会後、蒲郡海洋開発の近藤昌嗣社長（元豊田通商副社長）が記者会見し、「年間 320 万人という来客目標数は変えず、4 年後の単年度黒字化を目標にする」と強気の見通しを説明した。しかし資本金を 1 億円まで縮小し、弱い経営基盤となった。集客や別荘用地分譲も期待通りにいく保証はない。報道陣からは経営責任を問う質問が相次いだが、経営破綻したわけではないと突っぱねた。**390 億円を融資**したものの、資金事業から撤退した UFJ 銀行の広報部は「この 10 年間で経済環境は大きく変わった。苦しい判断だったが、計画の実現性を考えると仕方がない」と言う。これに対し、債権譲渡されたトヨタ自動車は、その後新たに生じる開発費も含め膨大な融資を引き受ける。金融不安を払拭し、地域の共同プロジェクト継続ためには引き受けるしかない。一方、減資に伴い、筆頭株主の愛知県と蒲郡市が、累積損失の穴埋めに投じる**公金は総額 24 億円**にのぼる。愛知県と蒲郡市は出資金を一般会計から捻出しており、バブル時代の大規模プロジェクトの見直しによるツケを県民が負担することとなった。資本金 48 億円のうち、愛知県の出資分は 13 億 800 万円で、出資比率 27.25% であった。1 億円の資本金になれば、愛知県の出資金は 2,725 万円となり、その差額 12 億 8,075 万円は累損に充てられる。同様に蒲郡市も縮減分の 11 億 1,625 万円が累損補填される。神田真秋・愛知県知事は「中途半端な船出で経営が破綻しないよう、より財務体質を強固にするための減資。銀行団やトヨタには大きな決断をしてもらった。今後の公費投入については考えていない」と言う。金原久雄・蒲郡市長は 2001 年 11 月頃、東海銀行が UFJ 銀行（三和銀行と合併）になるのを前に、事業資金を減らす方向だと聞いていたので動揺しなかった。蒲郡市としてのマイナスはなく、財務体質強化策と好意的に受け止めた[45]。

---

[45] 2002/03/23 毎日新聞　中部朝刊 31 頁「「ラグーナ蒲郡」銀行団撤退　3 セク甘さ"露呈"…社長「破綻したわけじゃない」」

トヨタが地域開発、債権譲渡 194 億円

　2002 年 4 月、トヨタは中部地方で地域開発を積極的に進めていた。主力の自動車販売の好調が続く中、強化を急ぐ住宅販売やマリン事業との相乗効果を引き出すのが狙いであった。地元自治体などはトヨタの参画を手放しで歓迎していた。ただ大規模な開発案件はリスクが伴うだけに、トヨタは投資採算と地域貢献の間で難しいかじ取りを迫られる場面もあった。蒲郡海洋開発の近藤社長は「事業を早く軌道に乗せ、5 年後には単年度で黒字にしたい」と述べた。近藤社長は豊田通商の前副社長で、非常勤を含む取締役 16 人のうち 4 人がトヨタからの派遣であった。3 月に UFJ 銀行など銀行団が蒲郡海洋開発への<u>融資債権 390 億円をトヨタに 194 億円で譲渡</u>すると発表した。事業資金 200 億円については、トヨタが低利で融資するスキームを関係者とまとめた。トヨタは地域活性化のためそれまで通り協力すると言う。ユニバーサル・スタジオ・ジャパンや東京ディズニーシーなどに人気が出る中、ラグーナ蒲郡は当初計画通り年間 350 万人の集客を目指した。トヨタには地域開発で成功実績がある。2000 年 11 月、全額出資子会社のトヨタオートモールクリエイト（名古屋市）が岐阜県柳津町にトヨタ系販売店が集まる複合ショッピング施設「カラフルタウン岐阜」を開業した。イトーヨーカ堂や映画館を併設した。開業から 1 年間で当初予想を 6 割上回る約 800 万人の来場があり、自動車販売にも貢献していた。同社の小泉直社長は「成果が上がりすぎて怖いぐらい」という。トヨタが同月に発表した新しい経営指針「2010 年グローバルビジョン」では、<u>地域社会から敬愛される存在になるという地域貢献</u>の姿勢を打ち出した。既に地元経済界への人材派遣をはじめ、中部国際空港や愛知万博などのビッグプロジェクトはトヨタ抜きでは語れないほどになっていた。地域でのトヨタの存在感は着実に増していた。経済界関係者は「自動車以外の産業は業績が厳しく、人材も資金も豊富なトヨタに頼りがち」と言う。そのためトヨタにとって地域貢献を積極化することは諸刃の剣との見方もあった。この時期、北米での好調な自動車販売でトヨ

タの 2002 年 3 月期の連結経常利益が国内企業で初めて 1 兆円を突破した[46]。

24 億円の累積損失、トヨタが融資を負担

2002 年 4 月、ラグーナ蒲郡は海洋リゾートとして本格始動するも、経費を切りつめたため施設の物足りなさが指摘されていた。当時全国で 3 セクリゾートの不調が目立っていた。ラグナシア開業初日、観光客ら約 2,500 人が詰めかけた。平日にしては予想を上回る来客となった。2001 年夏、大株主のトヨタグループや旧東海銀行（現三菱 UFJ 銀行）をはじめとする銀行団の間で、交渉の焦点は過剰債務の処理に絞られた。蒲郡海洋開発は金利負担などが響き、2001 年 3 月期末で **24 億円の累積損失**を抱えていた。融資の回収可能性が低いと銀行団から判断され追加融資不可能となり、事業そのものが行き詰まる恐れがあった。2002 年 3 月下旬にまとまった銀行団とトヨタとの合意点は、①銀行団は過去の債務の整理で応分の負担はするが、追加融資はしない、②トヨタは融資債権を買い取り、その後は融資も含め、一切の面倒を見る、という 2 点であった。つまり過去のリスクは銀行、将来のリスクはトヨタが負担することになった。2001 年末にトヨタや銀行団は「筆頭株主としてできる限りの対応をしていただきたい」と愛知県や蒲郡市にも対応を迫った。結局、蒲郡海洋開発は 3 月下旬、48 億円の資本金を 1 億円に減資すると発表した。**愛知県と蒲郡市（計 51％出資）の公金から出された約 24 億円が同社の累積損失の穴埋め**に充てられることになった。神田知事は「会社の経営健全化につなげる措置で県民の理解は得られると思う」と言う。財政難にあえぐ愛知県の建設部はさらに資金を出せる状況ではないと追加支援に及び腰であった。豊田通商出身の近藤社長はバブル崩壊後の危機をトヨタ流の経費削減策で乗り越えてきたと言う。**当初 1,450 億円だった総事業費は**

---

[46] 2002/04/19 日本経済新聞　地方経済面　中部 7 頁「リゾート・商業施設から住宅まで…、トヨタ、地域開発積極化、かじ取り難しい場面も。」

2002年3月には750億円まで引き下げた。財団法人日本交通公社理事研究調査部長の林清氏は「3セク方式のリゾート開発でも民間の発言力が強いところはうまくいくケースが多い」と言う。ただしラグナシアのアトラクションは15種類しかなく、プレオープンの招待客から物足りないとの声もあった。近藤社長は施設の質で勝負と言う。さらに人事・広報部はコストをかけずに顧客を飽きさせない工夫が必要として大道芸やダンス、パレードなどのイベントを積極展開するという。2003年春に温泉施設「ラグーナの湯」も開業予定であった。ラグーナ蒲郡全体で年間来客数見込み350万人であった。2006年度に単年度収支を黒字化する見通しを立てていた[47]。

2002 年 5 月商業施設開業

　2002年5月、ラグーナ蒲郡で商業施設「ラグーナフェスティバルマーケット」がオープンした。店舗面積1.2万平方メートルの2階建て建物に、アウトレットショップや飲食店など68店が入り、年間220万人の来客を目指した。1階には三河湾で揚がった鮮魚や地元産の野菜、果物などを販売する15店が入る。若者らで混雑する2階はアウトレットモールで、カジュアル衣料など26店が並ぶ。マリーナを見渡す海側の1、2階には、魚介類を中心とした飲食店が14店、アクセサリーや陶器などを扱う雑貨店が13店である。2002年4月のテーマパーク「ラグナシア」のオープンに続き、この商業施設開業で中核施設は出そろった。その後は温泉施設や海産物・雑貨で人気リゾートマンションなどを整備する。2003年春の全面開業後は、ラグーナ蒲郡全体で年間350万人の来客を見込んでいた[48]。

---

[47] 2002/04/26 日本経済新聞　地方経済面　中部 7 頁「「ラグーナ蒲郡」本格始動、施設の魅力アップ課題——将来のリスク、トヨタが負担。」
[48] 2002/06/19 日本経済新聞　夕刊 12 頁「中部経済特集——小売りに新たな挑戦、リゾート商業施設、ラグー名蒲郡。」

2002年夏、盛況

　2002年10月、ラグーナ蒲郡が健闘していた。8月末までの来客数は200万人と当初計画を上回るペースであった。プールは2002年夏、若いカップルや家族連れで連日にぎわった。人気を集めたのは国内最大級の造波プールと全長230メートルの流水プール、映像や照明を駆使したショーを水着のまま楽しめる扇型プールであった[49]。

トヨタの現場現物主義導入、借入金390億円

　2002年11月、ラグーナ蒲郡は「バブルの遺産」などの批判のわりに、順調なスタートであった。不況の厳しい環境下でリゾート立ち上げに挑むのは、トヨタグループを中心に民間各社から集まった精鋭たちであった。彼らは民間主導で従来の3セク経営の常識を打ち破ろうと奮戦した。近藤社長は毎日テーマパーク「ラグナシア」と商業施設「ラグーナフェスティバルマーケット」を見て歩き、アトラクションの利用状況やテナントの品揃えなどを細かくチェックした。<u>自分の足で現場に行き、自分の目で確かめ、経営判断の材料にする</u>。トヨタはこれを現地現物主義と呼ぶ。近藤社長も現場にこだわっていた。バブル崩壊とともに全国で相次ぎ3セクが経営破綻した。官主導の事業計画、あいまいになりがちな責任の所在などが3セクの問題である。この蒲郡海洋開発はこうした従来型の3セクと一線を画す。2001年4月に豊田通商副社長だった近藤氏が、同社社長の千輪博氏（当時）に突然呼び出され、「トヨタから君に蒲郡海洋開発の社長を任せたいと打診があった。引き受けてくれないか」と言われ、近藤氏は返す言葉を失った。営業一筋の人間にリゾート事業立ち上げの陣頭指揮がとれるか、不安が日に日に増幅し、断ろうかと真剣に考えた。しかし蒲郡の海は生活用水で汚れ泳げなくなってしまった。何とか再生できないかという思いが近藤氏をかき立てた。愛知県岡崎市出身の近藤氏

---

[49] 2002/10/16 日本経済新聞　朝刊第2部 11頁「第2部・中部が拓く日本の未来特集——都市も地域も大型開発、ラグーナ蒲郡が健闘。」

は子供の頃、よく海水浴で蒲郡を訪れた。近藤氏の記憶にあるのは三河湾の光輝く海だった。同氏は「最後のご奉公だ。よし、やろう」と 2001 年 6 月、社長に就任した。しかし近藤氏の不安が現実のものとなるまで時間はかからなかった。**土地造成などで約 390 億円**に膨らんだ借入金の処理問題が待ち受けていた。2001 年夏に UFJ 銀行首脳に「別荘地の分譲で借入金を返済するという当初の計画は見直すべき。このままでは追加融資に応じられなくなる」と言われた。近藤氏は当初計画に沿って融資を続けてほしいと頭を下げるのが精いっぱいだった。主力銀行の UFJ 銀行ほか三井住友銀行、新生銀行など銀行団は、蒲郡海洋開発の経営の先行きに慎重な見方を強めた。水面下の交渉は何度も続いた。追加融資を渋る銀行と、事業の存続を訴える蒲郡海洋開発の話し合いは平行線をたどった。このままでは事業が頓挫するのではと胃の痛む日々を過ごした。UFJ 銀行などの融資をトヨタが肩代わりすることで、最終合意に達したのは 2002 年 1 月で本格開業直前だった。オープンから 10 月末までの来客数はラグナシアが 82 万人、フェスティバルマーケットは 195 万人に上った。ラグナシアはほぼ計画通り、フェスティバルマーケットは計画を 3 割上回る盛況だった。しかし近藤氏の危機感は強かった。テーマパークやリゾートの成功はリピーターにかかっている。なお、蒲郡海洋開発は愛知県、蒲郡市、トヨタ自動車、コクド、ヤマハ発動機、UFJ 銀行など民間企業 9 社が出資する第 3 セクターである。出資比率は愛知県が 27.25%、蒲郡市は 23.25%。民間ではトヨタが 15.8%で最も多く、大林組、コクド、デンソー、UFJ 銀行、豊田通商の 5 社が各 5%であった[50]。

大胆なコストカットと集客施設増設

　2002 年 11 月、集客施設を増やすべく奮闘していた。蒲郡海洋開発の経営企画担当常務の岡田安生氏は翌 2003 年春に開業するタラソテラピ

---

[50] 2002/11/14 日本経済新聞　地方経済面　中部 7 頁「ラグーナ蒲郡逆風下の船出（1）3 セクの常識打ち破れ（新天地を拓く）」

ー（海洋療法）施設の建設現場で「ここは錆びないので防水処理は必要ない。濡れる場所は絨毯ではなくビニールシートで十分」とコスト削減のため変更した。タラソテラピーは海水などを活用して美容や健康増進につなげる療法である。伊良湖沖から運んだ海水を30度まで温め、プールやジャグジーバスなどに使う。本格的な施設は全国で3番目、ラグーナ蒲郡の集客を占う中核施設であった。予算28億円に工費を抑えるにはコスト削減を積み重ねなければならない。岡田氏は無駄なものがないか建設現場に出向いて精査した。岡田氏はトヨタ自動車の資材調達部門出身で、リゾート開発にトヨタ式の購買ノウハウを持ち込み、コスト削減に大鉈をふるった。岡田氏が1997年1月に出向した直後は「工事の発注や資材調達に競争原理が働かず、業者の言うまま。企業の体をなしていなかった」と言う。このままでは経営破綻に追い込まれた3セクの二の舞いになりかねないと、危機感を抱いた岡田氏は「最小のコストで最大の効果」を目指して改革を推し進めた。岡田氏は1997年4月に宮崎市の大型リゾート「シーガイア」を視察し、担当者が「200種類の波を造れるプールです」という話に耳を疑った。コストがかさむ大掛かりなプールが果たして必要か。岡田氏は実際利用している波の数を聞くと、「年間6種類です」とこともなげに言う担当者を前に岡田氏は「それではうちは6種類の波で行く」と決断した。岡田氏は海岸の埋め立てに使う土砂も改善した。安価な公共工事の残土に目を付け、全体の2割強に首都圏の地下鉄工事で出た土砂を使用し、約40億円のコスト圧縮を実現した。通常、海洋土木会社に丸投げする護岸工事では、資材の鋼板を株主の豊田通商から調達する方式に切り替え、投資額を削減した。岡田氏と二人三脚で事業計画を練り上げてきた企画部長の江口雅俊氏が「ラグナシアの人件費はまだ削減できる」と言う。江口氏は豊田通商で不動産開発部門に籍を置いていた。江口氏が描いた人件費削減策は機動的なアルバイトの活用であった。繁閑の差に柔軟に対応するため、周辺地域のイベントまで考慮する来客予測システムの構築も模索した。岡田氏と江口氏はリゾート事業には縁が

なかったが、トヨタ流の合理化は得意で、近藤社長が目標に掲げる「2007年 3 月期の単年度収支黒字化」の達成に向け、コスト削減に知恵を絞っていた[51]。

債務超過 27 億円、営業赤字 31 億円、最終損失 32 億円

　2004 年 3 月期末、蒲郡海洋開発は **27 億 4,400 万円の債務超過**に陥った。来場者減少、償却負担の重さなどから**前期の最終赤字が約 32 億円**に膨らんだ。大株主であるトヨタ自動車のかじ取りが焦点になりそうであった。売上高は前の期に比べ 13%減の 51 億 5,800 万円となった。開業当初の目新しさが薄れたうえ、夏休みシーズン前半や週末に悪天候が続いたのが響き、主力のラグナシアの入場者数が 27%減の 80 万人に落ち込んだ。ラグーナ蒲郡全体の入場者数も推計で 14%減の 382 万人にとどまった。営業損益の赤字は 23 億 3,800 万円から 31 億 700 万円に拡大した。ラソテラピー施設や新しいレストランなどの減価償却費がかさんだ。経常損失は 32 億 900 万円、**最終損失は 32.1 億円**だった。同社は 2003 年 3 月期に剰余金を取り崩して累積損失を穴埋めした。このため株主資本が 4 億 6,500 万円しかなく、前期の赤字を埋めきれなかった。同社は現状では株主への増資要請や無理な資産売却は考えていないと説明した。2004 年 4 月にオープンした新娯楽施設の集客に期待し、団体客誘致にも力を入れ、今期 64 億円の売上高と営業損失の大幅縮小をめざすと発表した[52]。

愛知万博のトヨタ館のロボット移設

　2005 年 11 月、愛・地球博（愛知万博）トヨタ館で大人気だった二足歩行のパートナーロボットがラグナシアで常設公開されることになり、ト

---

[51] 2002/11/15 日本経済新聞　地方経済面　中部 7 頁「ラグーナ蒲郡逆風下の船出（2）コスト削減に大なた（新天地を拓く）」
[52] 2004/06/04 日本経済新聞　地方経済面　中部 7 頁「蒲郡海洋開発、前期、債務超過 27 億円——償却負担増、集客も苦戦。」

ランペット演奏のデモンストレーションが報道関係者に披露された。パートナーロボットは、ラグナシアの宮殿広場に設けられた特設ステージで「きよしこの夜」など4曲を、片手を振りながら披露した[53]。

債務超過 195 億円、愛知県、出資比率下げ検討

　2005年12月、蒲郡海洋開発は減損会計の適用で2006年3月期末に約195億円の債務超過に陥る見通しとなった。蒲郡海洋開発の増資引き受けを巡る愛知県とトヨタの駆け引きが本格化した。トヨタが出資比率に見合う増資負担を愛知県に求めた。愛知県は出資率引下げを検討していた。固定資産の価値低下分を損失計上する減損会計を蒲郡海洋開発の2006年3月期に適用した場合、前期末に264億円だった固定資産が100億円に急減する見込みとなった。同社は2005年3月期末に28億円の債務超過に陥っており、当期の赤字見込み額約3億円などを勘案した場合、**期末の債務超過額は 195 億円**に拡大する見通しとなった。これに伴い、トヨタ自動車は愛知県と蒲郡市に対して増資を要請した。トヨタ自動車は約16%と民間最大の出資企業で、事業資金の融資などで蒲郡海洋開発向けに約350億円の融資残高がある。関係者によると、増資案は出資率に応じて負担し、債務超過の拡大分167億円を穴埋めする。26%を出資する愛知県が約43億円、25%の蒲郡市が約42億円を負担する。愛知県によると、トヨタは蒲郡の開発は公共性の高い事業という理由でこれまでと同じ出資率の負担を求めていた。これに対し、愛知県幹部は「全国的にもレジャー施設を運営する3セクが苦境に立たされている。財政状況が厳しい中で、レジャー産業に多額の税金を投入することには異論もある」と、出資率引き下げの検討を始めた。蒲郡市は、増資要請はきたが、愛知県の動きを見ながら検討する姿勢であった。仮に増資を引き受ける

---

[53] 2005/11/27 中日新聞朝刊 28 頁「Xマス曲もお任せ　トランペット吹きロボット　ラグナシアに登場」

場合は 2006 年度予算に計上する必要があり、愛知県建設部は「来年早々には結論を出さなければいけない」と言う[54]。

　このように愛知県、蒲郡市、トヨタ自動車、蒲郡海洋開発など各プレーヤーが負債と責任の押し付け合いをしていた。

愛知県 43 億円、蒲郡市 28 億円、トヨタ他民間企業 70 億円出資

　2006 年 5 月、蒲郡海洋開発が債務超過に陥っている問題で、愛知県と蒲郡市、トヨタ自動車は 2006 年 3 月期決算で生じた約 195 億円の債務超過を減らすための増資を計約 140 億円にすることで合意した。トヨタ自動車は当初、債務超過額すべてを穴埋めする増資を愛知県や蒲郡市に提案した。しかし大幅増資に愛知県や蒲郡市が難色を示し、交渉は難航した。最終的にトヨタ自動車、自治体の双方が 3 セク存続に向けて妥協した。蒲郡海洋開発の伊藤社長とトヨタ自動車の木下光男副社長、西村真副知事、蒲郡市の金原久雄市長がトヨタ自動車本社（豊田市）で会談し、債務超過を減らすための増資について、**愛知県は約 43 億円、蒲郡市は約 28 億円**、トヨタ自動車を含む民間出資者 9 社は計約 70 億円を分担する方向で合意した。3 セクは同年 7 月下旬から 8 月上旬に取締役会や株主総会を開き、増資額に応じた新株発行手続きに入った。その合意内容によると、愛知県は現金 10.4 億円とラグーナ周辺の県有地 6.8ha（**評価額約 33 億円**）の**無償譲渡**でトヨタ自動車の要求額をほぼ満たした。しかし蒲郡市は現物出資できる土地が限られるため、現金 10 億円とラグーナ周辺の市有地約 5ha（約 18 億円）にとどまった。**残る債務超過額約 55 億円**をどう解消するかが、その後の課題となった[55]。

---

[54] 2005/12/13 日本経済新聞　地方経済面　中部 7 頁「トヨタ、愛知県、ラグーナ蒲郡、債務超過 195 億円で駆け引き、蒲郡市、県を注視。」
[55] 2006/05/26 朝日新聞　朝刊 30 頁「計 140 億増資に合意　ラグーナ蒲郡の債務超過で自治体とトヨタ【名古屋】」

2009 年度 6.8 億円の赤字、リーマンショックでレジャー不振

　2010 年 12 月、リーマンショック後の不況によるレジャー不振の中、集客力ある企画に力を入れていた。2006 年に減損会計を適用する会計ルールの変更で、巨額の債務超過が問題化し、官民合わせて 138 億円の増資で決着した。しかし収支改善が課題となり、単年度黒字が当面の目標になった。しかし 2008 年のリーマンショックが直撃し、別荘用地分譲やリゾートホテル建設、マンション増棟など収入増の方策が進まなくなった。ホテル用地を売却した 2008 年度のみ 1.5 億円の黒字を計上したが、2009年度は 6.8 億円の赤字だった。全体の来場者数は年間 300 万人前後だが、客単価は下がり、節約傾向が見られた。2010 年度は春に開いた人気アニメ「ワンピース」のイベントが全国から新規客が訪れる大ヒットになった。猛暑による夏場のプール営業も好調で、コストカットの努力も相まって、赤字を前年度の半分ほどまで圧縮できる見込みとなった。冬場のイルミネーションや年末のカウントダウンは恒例イベントに定着した。フェスティバルマーケットには、三河湾の旬の魚が食べられる団体向け「地魚食堂」を新設するなど、新機軸も打ち出した。蒲郡海洋開発の岡田社長は「売り上げが伸びない中で、身の丈に合った経営を考えながら、お客さんに喜ばれる企画を探り、海辺の楽しさを提案していきたい。地元の観光業界との連携も一層強化していく」と言う[56]。

債務超過 74 億円、土地販売で 138 億円計画が何も動かず

　2013 年 5 月、蒲郡海洋開発の所有地のうち 25.7ha が、全く利用されないままであった。2006 年に 10 年間で累積赤字を脱却するため増資されたものの、その後も改善されず、債務超過は 74 億円にまで膨らんでいた。蒲郡海洋開発は 2001 年に 120ha の埋め立て工事を完了した。未利用地の大半は別荘地などとしての活用を見込んでいた「第 2 種住居地域」

[56] 2010/12/28 中日新聞朝刊　地方版（東河総合版）13 頁「経済最前線　来年 10 周年　ラグーナ蒲郡　企画好調で経営改善」

であった。増資の際に公表した計画では、**2015 年度までに未利用地の販売で 138 億円を売り上げる予定**だった。中高一貫の海陽中等教育学校を運営する学校法人、海陽学園が 2005 年に 13ha、ホテル経営会社が 2008 年に 5ha を取得したものの、それ以外の土地は手つかずであった。2011 年 3 月の東日本大震災も追い打ちをかけ、愛知県港湾課の加藤隆一主幹は「津波被害への懸念が強まり、購入を迷う人もいるようだ」と言う。ホテル用地を売却した 2008 年度こそ 1.5 億円の黒字を計上したが、それ以外は 9,500 万～6.8 億円の赤字が続いていた。増資直後、債務超過は 57 億円に減らしたものの、2011 年度は 74 億円まで増加した。「10 年間で赤字脱却」の計画は進んでいなかった。ラグーナ蒲郡は約 **4,000 人の雇用を創出**しており、蒲郡市企画広報課の吉見和也課長は「観光、雇用両面で蒲郡市全体に大きな影響がある施設。何とか経営改善して、健全な形で継続してもらいたい」と言う。蒲郡海洋開発の岡田社長は「経済環境の悪化や震災の影響もあり、計画が延びている。『憩う』『暮らす』『学ぶ』という基本理念に基づき、今後も開発を進めていきたい」と言う。愛知県などは経営健全化に向け、第二種住居地域について、用途を変更して企業や研究施設などを誘致できるようにすることも念頭に、売却の方策を検討する[57]。

HIS に経営譲渡決定、債務超過 78 億円

2014 年 2 月、ラグーナ蒲郡の主な観光事業は大手旅行会社 HIS が中心となる新会社に譲渡されることになった。事業存続を HIS に託すものの、巨額の債務や広大な未利用地の問題を引き続き抱えていた。大村秀章知事が記者会見で「3 セクで安定的に客を見込むのは難しい」と発表した。この時点で**資本金約 140 億円、愛知県が 42 億円、蒲郡市が 28 億円、トヨタ自動車が 25 億円を出資**していた。開業当初の目標来場者数、年 360

[57] 2013/05/18 中部読売新聞　朝刊 31 頁「［追う］「ラグーナ蒲郡」の 3 セク　売れ残り 25 ヘクタール足かせ＝中部」

万人を上回ったのは 2002、2003 年度だけだった。マリンリゾートの印象が強く、夏以外の集客が懸案事項であった。収支も 2013 年度は黒字 8,000 万円を見込むが、**2012 年度は赤字 4 億円**であった。広大な土地造成をした初期投資が運営を圧迫し、2013 年度末は**債務超過 78 億円**であった。2013 年度から愛知県やトヨタなど主要株主で協議してきた。債務や未利用地の分譲事業は蒲郡海洋開発に残して観光三事業を分離し、HIS 中心に地元企業も加わる新会社に託し、詳細は同年 9 月をめどに詰めると発表した。HIS は 2010 年から長崎県佐世保市のテーマパーク「ハウステンボス」で経営再建を進め、国内外からの集客を増やしていた。稲葉正吉・蒲郡市長は会見で「ラグーナ蒲郡は地域経済や雇用面で大変重要な施設」、3 セクからの観光事業譲渡について「HIS は特筆すべき実績と実力がある。街づくり全体の中で必要な第一ステップと考えている」「実績に期待」と言う。蒲郡市などの試算では、**ラグーナ蒲郡の経済波及効果は愛知県全体で年約 470 億円、雇用約 5,000 人**であった。県知事は「蒲郡、東三河のことを考えると、たたむのは何としても避けたい」と言う。稲葉市長は、未利用地分譲は市の発展に必要不可欠と言う。蒲郡市はラグーナ蒲郡の未利用地を生かした新たな街づくり構想案を検討する[58]。

蒲郡市が交付金 30 億円

2014 年 6 月、蒲郡市議会はラグーナ蒲郡の運営を承継する事業者に総額 30 億円の支援金を交付する条例を可決した。蒲郡市の重要な観光拠点を継続運営してもらうことで、雇用や観光振興につながると判断した。新たな事業者が運営を始める年度から 10 年間交付する。1 年間に交付される金額は、前年度に納付したラグーナ蒲郡の特定の土地などの固定資産

---

[58] 2014/02/18 朝日新聞　朝刊 6 頁「3 セク運営、断念　ラグーナ蒲郡、HIS に譲渡　巨額債務は未解決【名古屋】」

税と都市計画税の合計額である。交付金の総額が交付期間を過ぎても30億円に達しない場合は、期間を延長できるようにした[59]。

HISに5億円で経営譲渡、トヨタ等に長期債務285億円

2014年6月、ラグーナ蒲郡がHISに譲渡されることが決まった。稲葉市長は「観光で業績を上げてきたノウハウを生かし、蒲郡のさらなる活性化に力を貸してもらいたい」と歓迎した。蒲郡海洋開発は土地分譲の不振が響き、78億円の債務超過に陥っていた（2012年度末）。この合意でHISは主要三施設の土地、建物、運営権を5億円で買い取り、8月から運営することになった。隣接する海陽多目的広場にも事業を拡張する。稲葉市長は「ラグーナは赤字続きだが、地域経済には不可欠な拠点。HISの参入は大きく変わるきっかけになる」と言う。HISは会見で、繁忙期以外の平日は午後5時で営業を終えているラグーナの集客力強化として、夜と冬場の活用を挙げた。市長は夜間運営されれば宿泊客増加にもつながると、地元の観光旅館に素泊まりプランの拡充などを提案する考えを示した。蒲郡市観光協会の遠山憲章専務は「旅行会社の戦略では、施設の入場券に交通手段と宿泊をセットにした商品の販売を重視する。蒲郡は日帰り客が多い。HISが参入してくれるのは大いに期待している」と言う。蒲郡海洋開発は同年8月以降も、未利用地の分譲とマリーナ事業に携わる。トヨタなどに対する長期債務は285億円に達し、返済期限は同年12月末に迫っていた[60]。

---

[59] 2014/06/23 日本経済新聞　名古屋夕刊　社会面 36 頁「ラグーナ蒲郡、交付金総額 30 億円、事業承継者に、蒲郡市議会、条例可決。」
[60] 2014/06/25 中日新聞朝刊　地方版（東三河版）16 頁「ラグーナ　HIS に譲渡決定　蒲郡市長「活性化に力を」」

再生計画では夜間と冬期の充実

　2014 年 8 月、再生計画が発表された。ラグーナ蒲郡はラグーナテンボスとなった。2015 年以降、テーマパークのラグナシアにハウステンボスで人気のアトラクションを設置する。交通アクセスの改善にもグループ全体で取り組む。同月 1 日から HIS が名古屋駅から 1 日 2 往復する直行バス運行を始めた。花火やイベントの上演時間に合わせて運行することで利用者の使い勝手を高める。ラグーナテンボスは新幹線など交通の結節点となっている名古屋駅からのアクセスが不便である。交通アクセスの改善で夜間まで楽しんでもらえるようにして家族連れ以外にも利用者の幅を広げる。蒲郡駅からのアクセス改善にも取り組む。自動車での利用も多いため、アクセス道路の改善も課題であった。愛知県は周辺渋滞を防ぐため施設内道路の改善を検討していた。近くを通るバイパス道路の整備促進について国に働きかける。HIS の澤田秀雄会長は、トヨタ自動車の工場見学を取り入れた旅行商品づくりも検討すると言う。効率的な観光ルートをつくるために周辺道路を含めた整備が必要であった。大村秀章知事も東三河の発展のため、道路整備に重点的に取り組みたいとした。ラグーナテンボスの再生コンセプトは「四季を通じて楽しめる通年型テーマリゾート」である。ラグナシアの過去 5 年間の平均入場者数をみると、全体の 49% を 7〜9 月と、目玉施設のプールを利用できる夏場に集中していた。夜間や秋冬に集客できる目玉施設やイベントや複合施設が必要である[61]。

トヨタの新任役員向け研修施設設置に 100 億円

　2014 年 10 月、トヨタ自動車は 2016 年秋をめどにラグーナにグループの新任役員向けの研修施設を整備する方針を固めた。約 6 万平方メートルに整備し、土地を除いた施設建設費は 100 億円規模になる。研修施設

---

[61] 2014/08/02 日本経済新聞　地方経済面　中部 7 頁「ラグーナ再生へアクセス改善、名駅から直行バス、愛知県は道路整備で協力、人気施設も順次導入。」

はラグーナの東側部分で、蒲郡海洋開発が保有する土地をトヨタ自動車が取得して建設する。施設の周囲には木々を植えるなどして周辺の観光施設と区分けし、グループの新任役員が研修を受けやすい環境を整える。施設にはグループ創始者の豊田佐吉社長の功績や、リーマンショック時の危機への対応など、トヨタグループの歴史を動画などを交えながら紹介するコーナーも用意する。建設費はグループ各社が一定比率を負担する。役員研修施設ができれば隣接する商業施設への集客増なども期待できる。しかし水路を生かした別荘地などのゾーンの整備・分譲が進まず、蒲郡海洋開発にとって重荷になっていた。トヨタの研修施設建設で、未利用地の一部の用途が決まることになり、既存施設の集客増に加えて、他の未利用地の開発にも弾みがつく可能性があった[62]。

3．HIS による再建開始
HIS 連結子会社がラグーナテンボス再生開始

　2014 年 11 月になると、HIS はハウステンボス再生に成功したことで評価が上がっていた。同年 11 月より施設名をラグーナ蒲郡からラグーナテンボスに変更した。HIS は「第 2 のハウステンボス事業」として事業を継承した。実際は HIS の連結子会社ラグーナテンボス（本社、蒲郡市）が事業再生に取り組む。従来は夏季利用が圧倒的多数を占めていたが、通年利用を盛り上げる様々な施策を企画する。ラグーナテンボス広報担当者は第一弾として「11 月から夜間イベントを大量投入し、開園時間も延長。冬季の来場者数増と滞留時間延長を図る」という。目玉は園内を埋めつくすイルミネーションと日本初の二大プロジェクションマッピングである。ラグナシアでは、巨大プールや噴水など水面に立体映像を投影する日本初の「ウォーターマッピング」イベントをスタートさせた。四方を壁に囲まれた広場を使った「360 度 3D マッピング」も同時開催した。閉園

[62] 2014/10/23 日本経済新聞　地方経済面　中部 7 頁「トヨタ、蒲郡に研修施設、グループ新任役員向け、ラグーナ内——創業からの歩み展示。」

時間は午後 5 時（平日）から午後 10 時に延長して、従来 2〜3 時間程度
だった冬季来場者の滞留時間を、夏季並みの 6 時間程度にまで引き延ば
す。ラグーナテンボスの年間来場者数について、2015 年度を前年並みの
85 万人と計画していた。2016 年度は 90 万人、2017 年度は 100 万人を
見込む。ハウステンボスは施設規模が異なるものの、HIS 傘下入り直後
の 2009 年度 141 万人から、2013 年度は 247 万人超に拡大した。親会社
の HIS では 2015 年 1〜3 月にタイの航空会社と提携して日本 15 都市と
アジアを結ぶチャーター便 42 本を飛ばすが、これを活用したパッケージ
プランも計画した。これまで未開拓だったインバウンド需要も取り込む。
こうした施策でラグーナテンボスは 2015 年 9 月期の売上高 49 億円、営
業利益 1.1 億円と、初年度から黒字化を目指すと発表された[63]。

蒲郡海洋開発解散、155 億円の債務超過、土地分譲進まず

2014 年 11 月、愛知県の大村知事は定例記者会見で、蒲郡海洋開発を
同年 2 月末に解散させる方針を明らかにした。未分譲地は、株主である
愛知県とトヨタ自動車がそれぞれ取得する。蒲郡海洋開発が運営するマ
リーナ事業などは、トヨタが設立した子会社「ラグナマリーナ」に事業譲
渡する。別荘地の整備・分譲なども進めてきたが、土地分譲が進まず 2014
年 8 月時点で約 155 億円の債務超過となっていた[64]。

ラグナシア西の多目的広場を移転し市有地を売却

2014 年 12 月、ラグーナテンボスの事業拡張に伴い、蒲郡市はラグナ
シアの西にある海陽多目的広場を 2015 年 9 月末をめどに移転すると発
表した。広場の東隣にあるヨット保管用の艇庫も新築移転する。蒲郡海洋

---

[63] 2014/11/07 日本証券新聞 1 頁「材料追跡 －HIS －海洋テーマパーク「ラグ
ーナテンボス」が本格始動 －第 2 のハウステンボスとして再生へ」
[64] 2014/11/17 日本経済新聞 名古屋夕刊 社会面 36 頁「蒲郡海洋開発が解散へ、
来月末、マリーナはトヨタ系に。」

開発に増資するため、蒲郡市は 2006 年に海陽多目的広場（評価額約 18
億円）を蒲郡海洋開発に物納した。その後も固定資産税を免除する代わり
に蒲郡市が賃借料を支払わないとの契約で、市営施設として広場を活用
してきた。サッカーコート 3 面と 200 台分の駐車場がある。蒲郡市は、
海陽学園の北側にある未利用地（約 4.3ha）をラグナマリーナ（トヨタ自
動車子会社のヨットハーバー）から借りる。測量設計費 1,100 万円を 2014
年度補正予算に計上し、2015 年度には 1.9 億円をかけて、新たな広場を
整備する。艇庫は広場東側の市有地（2,200 ㎡）に 6 棟あり、蒲郡市と借
地契約を結んだ 6 大学が所有する。蒲郡市は南隣にある県施設「豊田自
動織機海陽ヨットハーバー」の駐車場に市営共同艇庫を新設し、大学に貸
し出す計画であった。設計委託料、建設費は 3.7 億円を見込む。各大学と
交渉中で、移転後は市有地をラグーナテンボスに売却する。吉見和也企画
部次長は「賑わいを創出する一体開発のために、蒲郡市としては必要な措
置」と言う[65]。

特別清算決定、負債総額 313 億円

2015 年 2 月、蒲郡海洋開発が名古屋地裁豊橋支部から特別清算の開始
決定を受けた。帝国データバンク名古屋支店によると、2014 年 3 月末で
負債総額は約 313 億円に上った[66]。

ラグナシア、1 年間で 34%増の 33 万人

2015 年 8 月、HIS がラグーナテンボス支援に乗り出してから 1 年が経
過した。ハウステンボスを再建したノウハウで集客力は向上していたが、
経営体質改善が急務であった。HIS が真っ先に取り組んだのは冬場の集

---

[65] 2014/12/30 中日新聞朝刊　地方版（尾張版）14 頁「海陽多目的広場移転へ　蒲
郡市、ラグーナテンボス事業拡張で」
[66] 2015/02/28 中部経済新聞 3 頁「蒲郡海洋開発が特別清算／ラグーナ運営、負
債 313 億円」

客力アップであった。大規模プールが人気のラグナシアは、年間来場数の平均約 40%が夏場（7～9 月）に集中し、来場者が平均約 14%の冬場（1～3 月）の底上げが不可欠だった。新たに採用したのは、ハウステンボスで好評の 3D プロジェクションマッピングであった。冬場に営業しないプールを利用し、水面に光りを当てて立体映像を映すイベントを 2014 年 11 月から始めた。人気漫画「ワンピース」の世界観を再現したクルーズ船も運航する。入園券（大人）は 500 円値上げして 2,150 円とした。2014 年 11 月～2015 年 3 月のラグナシアの来場者数は前年同期比 34%増の 33.6 万人にまで伸びた。ハウステンボスの 2014 年 9 月期の来場者は 279 万人、営業利益は 73 億円と好調に推移し、HIS グループ全体の営業利益の 4 割強を占める収益の柱に成長した。ラグーナテンボスは 2015 年 9 月期に来場者 84 万人、経常利益 3.7 億円を目指した[67]。

冬の来場者数 1.5 倍

　2015 年 9 月、HIS は夜の時間帯や冬場の活用、経費圧縮に着手し、初年度から黒字化する目標を掲げた。ラグーナテンボス再建は、当初からハウステンボスよりも難しい案件だと考えられていた。ハウステンボスよりも圧倒的に規模が小さい。ラグーナテンボスはラグナシアなど各種施設、隣接するビーチを足し合わせても約 30 万㎡、面積はハウステンボスのおよそ 5 分の 1 にとどまる。この狭さでは、ハウステンボスで成功したイルミネーションの圧倒的ボリューム感で勝負するのは難しい[68]。

[67] 2015/08/26 中部経済新聞 6 頁「ラグーナ／HIS 支援 1 年　高まる集客力／冬場のイベントに力／経営体質改善も急務」
[68] 2015/09/20 東洋経済オンライン「蒲郡のラグーナ、「HIS 流改革」のスゴい実績／苦手な冬の客数が 1.5 倍に！」

売上高 43 億円、営業利益 4 億円で過去最高益

　2015 年 11 月、ラグーナテンボスは 2015 年 9 月期決算（単独）を発表した。運営会社が HIS に変わって初めての決算で、売上高は 43.5 億円と、過去 5 年で最高となった。営業利益は 4 億円で、2002 年にラグナシアが開園し、場内が整備されて以降で最高だった。2016 年 9 月期の業績予想では、入場者数が前期比 20%増の 96 万人となり、売上高は 26.5%増の 55 億円、営業利益は 30.8%増の 5.2 億円になると見込んだ。ハウステンボスの例にならい、プロジェクションマッピングを使った演出を積極的に展開した。ワンピースに登場する船を模した客船も長崎から回航した。ラグーナテンボスの巽泰弘社長は「夏のプール頼みから脱却し、入場料を上げ、客単価が上昇した。飲食店の直営化も利益につながった」と言う。また巽社長は花をモチーフにした広さ 9,000 ㎡の新エリア「フラワーラグーン」を 2016 年 3 月に開業すると発表した。4 月には芸術劇場をオープンするほか、2 年以内をめどに 200 室規模のホテルも新築する計画もあった。会見に同席した HIS グループの澤田秀雄代表は「内容的には 50 点。もっと満足度を上げて、安定して利益が出る体質にしたい」と言う[69]。

「変なホテル」開業

　2017 年 8 月、ラグーナテンボスを傘下に収めて 3 年経った日に、ロボットがフロントで応対する「変なホテル」を開業させた。澤田会長兼社長は「ラグーナテンボスが発展していくためのホテルになった」と言う。同年から始めた「ナイトプール」は SNS で写真映えするとの理由から 10〜20 代の女性に人気で、週末には一晩で 1,000 人が訪れた。HIS で中部営業本部長だったラグーナテンボスの巽社長は、初めてテーマパーク経営に乗り出した。2014 年 3〜6 月にハウステンボスで修業し、調理場での

---

[69] 2015/11/17 中日新聞朝刊 9 頁「ラグーナ営業利益最高　9 月期決算　来年 3 月に新エリア」

皿洗いから入場ゲートでの施設案内、取引先回りなど、澤田氏の元で経営手腕を学んだ。改革は矢継ぎ早だった。まず食事を充実させようと 2014年 11 月にハウステンボスで人気のレストランを開業した。2015 年には約 2 万㎡の隣接地を取得し、2016 年からは中高年層を意識した花園「フラワーラグーン」やパーク内で公演する「ハウステンボス歌劇団」などの新コンテンツを導入した。2016 年 9 月期まで 2 期連続で黒字を確保した。しかし澤田氏はこの 3 年間を「まだまだ」と言う。2014 年度以降の入場者は横ばいで、ラグナシア単体でも 2013 年度の 88 万人を超えていない。遠くから顧客を呼べる「変なホテル」への期待は大きい。同年 7 月から北陸、関西、長野でのテレビ CM を始め、広域から呼び込む。巽社長は「再建は始まったばかり。愛知県の中では蒲郡は観光地のイメージが強く、可能性は十分にある」と言う[70]。

表 1：ラグナシアの社史

1991 年 11 月	県、蒲郡市とトヨタ自動車など民間 9 社で運営会社「蒲郡海洋開発」設立（資本金 4.8 億円）。出資比率は県 26%、蒲郡市 25%、トヨタ自動車 8%、東海旅客鉄道（JR 東海）8%など
1994 年 4 月	増資（資本金 19.2 億円）
1995 年 2 月	工事着手
1995 年 12 月	**総事業費を 1,470 億円とする基本事業計画を策定**
1998 年 8 月	増資（資本金 48 億円）。出資比率はトヨタが 8%から 15.8%に、JR 東海は 8%から 3.2%に変更
2000 年 12 月	銀行団が返済計画の明確化を要求。**総事業費を 950 億円に圧縮**
2001 年 4 月	マリーナ開業

---

[70] 2017/08/09 日本経済新聞　地方経済面　中部 7 頁「中部テーマパークのいま（2）ラグーナ、再生の 3 年——HIS 傘下で改革着々。」

2001 年 7 月	銀行団が融資継続を打ち切り
2002 年 3 月	**総事業費の圧縮（750 億円）**や**銀行団の債権放棄（196 億円）**など財務改善のための事業計画策定
2002 年 4 月	減資、資本金 1 億円に。テーマパークが順次開業、マンション分譲開始
2005 年 1 月	海陽学園へ土地売却（13ha）
2006 年 3 月	減損会計適用で **195 億円の債務超過**に
2006 年 10 月	**債務超過（163 億円）**に対応するため、**県、市、トヨタ**などが**総額 138 億円を増資**
2008 年 12 月	ホテル経営会社へ未利用地の一部を売却。単年度決算が初めて黒字
2014 年 2 月	ラグナシアの入園数が、開業以来 11 年ぶりに 80 万人超。ラグナシアなど 3 施設の運営権を HIS に譲渡する方針を発表
2014 年 6 月	蒲郡市が、新運営会社に 10 年間で最大 30 億円を支払うことを決定。**HIS への譲渡（5 億円）**で正式合意
2014 年 8 月	HIS が 100%出資する「ラグーナテンボス」が事業開始へ

出典：

・2005/12/13 日本経済新聞　地方経済面　中部 7 頁「トヨタ、愛知県、ラグーナ蒲郡、債務超過 195 億円で駆け引き、蒲郡市、県を注視。」

・2014/06/25 中日新聞朝刊　地方版（東三河版）16 頁「ラグーナ　HIS に譲渡決定　蒲郡市長「活性化に力を」」

４．発見事項と考察

　本章では、トヨタ自動車の第 3 セクターテーマパーク、ラグナシアの企画から創設、経営難に陥り、HIS に経営譲渡し事業再生に至るまでの経緯を考察し、次の点を発見した。

第 1 に、愛知県議会で「海の軽井沢」を作ろうという構想が出たのが 1985 年であった。新日鉄のテーマパーク、スペースワールドの計画が出たのも 1985 年であった（前章）。当時の日本を代表する巨大二社、トヨタ自動車と新日鉄。1985 年当時、トヨタ自動車は絶好調、新日鉄は絶不調であった。新日鉄は鉄冷えで経営危機にあった。両社のテーマパークは、スペースワールド、ラグナシアともに経営不振で経営譲渡となった。スペースワールドは無償で経営譲渡、ラグナシアは 5 億円を回収できた。トヨタ自動車は本業が好調なのでなんとかなったが、本業が不調ならばどうしようもなかったはずである。

　第 2 に、長崎県のハウステンボスは経営破綻後に HIS の創業者、澤田会長の改革で V 字回復を達成した。この動きを見て HIS に経営再建を依頼した。しかしハウステンボスはラグーナテンボス全体の 5 倍の面積がある。小ぶりなラグーナテンボスではできることが限られている。それでも HIS の経営に変わってから 1 年間で 34%増の 33 万人になった。ラグーナテンボスは 2015 年 9 月期決算（単独）で、売上高約 43 億円と、過去 5 年で最高、営業利益 4 億円と、開園以降で最高だった。

　第 3 に、トヨタ自動車は中部地方で地域開発を積極的に進めている。自動車販売の好調が続く中で、強化を急ぐ住宅販売やマリン事業との相乗効果を引き出したかった。地元自治体などはトヨタの参画を歓迎した。全額出資子会社のトヨタオートモールクリエイトが岐阜県柳津町に複合ショッピング施設を開業し、成功した実績がある。しかしラグーナ蒲郡は民事再生法適用となった。

　第 4 に、ラグーナ蒲郡はバブル期に着手され、成功が危ぶまれると主要銀行が融資から撤退した。そうすると通常の 3 セクでは自治体頼みとなるが、資金力豊富なトヨタ頼みとなった。3 セク経営で自治体が民間に負債を押しつけるとはレアケースである。

　第 5 に、蒲郡海洋開発はトヨタ自動車だけではなく、愛知県、蒲郡市、コクド、ヤマハ発動機、UFJ 銀行など民間企業 9 社が出資する第 3 セク

ターであった。出資比率は愛知県が 27.25%、蒲郡市が 23.25%、民間で
はトヨタ自動車が 15.8% で最も多く、大林組、コクド、デンソー、UFJ 銀
行、豊田通商の 5 社が 5% であった。しかしトヨタ自動車の印象ばかり強
い。何をしても目立つ。

　第 6 に、ラグナシア立ち上げを主導した 2 人はこのような人材である。
経営企画担当常務はトヨタ自動車の資材調達部門出身、企画部長は豊田
通商の不動産開発部門出身である。ラグナシアに出向した直後、工事の発
注や資材調達に競争原理が働かず、業者の言うままという事実に気付い
た。新日鉄のスペースワールド建設でも、新日鉄からの出向組はテーマパ
ーク事業が全く分からず、業者の言いなりの価格で購入した。本業では
「乾いた雑巾をさらに絞る」と言われるほどコストカットしているのに、
未知の世界では業者の言いなりになっていた。ここに非関連多角化の難
しさがある。

　第 7 に、トヨタからの出向組のトップマネジメントはトヨタ流**現場現
物主義**と**コストカット主義**を導入した。「最小のコストで最大の効果」
「2007 年 3 月期の単年度収支黒字化」を目標に改革を推進した。リゾー
ト事業に縁がなかった 2 人は、トヨタ流の合理化、コストカットが得意
であった。ハウステンボスでも澤田氏がコストカットに成功した。生前ウ
ォルト・ディズニーはコストカットを考えず、質を高めることばかり考え
ていた。ウォルトはエンターテイメントの新規アイディアを生み出し、実
行できる経営者だった。トヨタグループ出身者がエンターテイメントの
新規アイディアを生み出せるとは考えにくい。それでコストカットが最
も重視される戦略となったのではないか。生前のウォルト・ディズニーで
は考えられない戦略である。ウォルトが巨額の開発費をかけようとする
のを共同経営者が止めていた。

　第 8 に、3 セクの多くは赤字が続いて経営破綻する。その際、民間企業
が自治体に負債を押し付けて逃げていく傾向にある。本件は自治体が民
間企業（トヨタ）に負債を押し付けようとするという珍しい事例となった。

５．まとめ

　ラグナシアは当初の予算では総事業費 1,470 億円（1995 年）であった。この時代に 1,470 億円を出せたなら、初期の USJ に近い規模であった。USJ は 2001 年開業で総事業費 1,800 億円であった。東京ディズニーランドは 1983 年開業で総事業費 1,800 億円、東京ディズニーシーは 2001 年開業で総事業費 3,300 億円であった。ところがラグナシアは総事業費 750 億円に減額された。1,470 億円で初期の USJ に近い規模で作り、多くの絶叫マシンなどのアトラクションを導入すればナガシマスパーランドや富士急ハイランドのように人気が出ただろう。

　多数のテーマパークを研究してきた中で、これほどコストカット主義のテーマパークを初めて見た。他のテーマパークはアトラクションなどではコストカットしない傾向にある。USJ ですら、前向きのジェットコースターを後ろ向きに変えることで新アトラクションを導入したように感じさせた。通常テーマパークでカットできるのは人件費のみとなり、非正規雇用が多い組織となる。テーマパーク業界は、華やかに見えるが実情は苦しい。

　3 セクとしては成功しなかったものの、一定の地域振興を担うことは出来た。経済効果 470 億円と 4,000 人の雇用創出となった。

　筆者が本研究を始めた理由は、観光情報学会で名古屋大学の大学院生に「蒲郡にラグナシアというテーマパークがあるのですが、経営がヤバいらしく、トヨタに泣きついて 140 億円注入してもらったとニュースで見ました」と言われたからである。その 140 億円とは「愛知県、蒲郡市、トヨタなどによる増資 138 億円」のことと思われる。東海地方のためかトヨタ自動車の存在感が非常に大きいことが明らかになった。他にも大林組、コクド、デンソー、UFJ 銀行、豊田通商と大企業各社が出資したのに、トヨタ自動車ばかり目立った。

第3章 常磐炭鉱の常磐ハワイアンセンターと地域振興

1．はじめに

　炭鉱跡地にもテーマパークが設立され、地域振興を担っている。例えば、三井鉱山（現、日本コークス工業）は三井三池炭鉱跡地に三井グリーンランド（現グリーンランド[71]）を開業させた。北海道夕張市は、夕張炭鉱をモチーフにした「石炭博物館」と「炭鉱生活館[72]」という国内最大級の炭鉱ミュージアムを設立した。常磐炭鉱は常磐炭鉱跡地の常磐ハワイアンセンター（現、スパリゾートハワイアンズ、以降ハワイアンズ）を開業させた。時代の流れによって本業で利益を望めなくなった炭鉱運営企業が雇用維持と地域振興のためにテーマパークを設立したのである。

　本章では、常磐炭鉱のテーマパーク事業多角化と地域振興を考察する。研究方法は文献研究である。

2．常磐興産とスパリゾートハワイアンズの概要
常磐興産の概要および社史

　常磐興産㈱[73]は、1944年3月設立、福島県いわき市に本社をおくサービス業である。同社は、1944年3月に磐城炭礦㈱（明治16年創立）と入山採炭㈱（明治28年創立）の両社が合併し、常磐炭礦㈱として発足した。同社は特に戦後本州最大の炭鉱として石炭の増産を達成、その後、エネルギー流体化の流れの中で幾多の変遷を重ね、現在基幹事業であるレジャーリゾート事業部門、燃料商事事業部門の2事業部門と8社の関連会社を擁する。代表取締役会長、井上直美氏、代表取締役社長、西澤順一

---

[71] グリーンランドリゾート株式会社 HP「会社概要」2020年10月1日アクセス http://www.greenland.co.jp/ir/prof.htm
[72] 加森観光グループ　夕張リゾート株式会社 HP「石炭博物館」「炭鉱生活館」2012年1月14日アクセス　http://www.yubari-resort.com/contents/facility/museum/
[73] 常磐興産株式会社 HP「会社の概要」「社長ご挨拶」2020年10月3日アクセス　http://www.joban-kosan.com/

氏、資本金約 214 億円（2020 年 7 月 1 日現在）、売上は連結で約 259 億円（2020 年 3 月期）、単体で約 225 億円（同）、従業員数は連結で 713 名（2020 年 3 月 31 日現在）、単体で 500 名（同）である。事業目的は、①観光娯楽スポーツ施設、全身美容治療施設の経営、②ホテル、旅館の経営、③広告の企画、製作および代理店業、④旅行業法に基づく旅行業、⑤旅行代理店業、⑥インターネットによる情報サービス業、⑦問屋業、輸出入業、代理業、仲立業、製造業、修理業および加工業、⑧不動産の売買、賃貸、仲介、所有、管理および鑑定評価、⑨住宅等建物の建築、販売、賃貸、維持管理ならびに土地の造成および販売、⑩建築工事の請負ならびに企画、設計、監理およびコンサルティング業務、⑪倉庫業、⑫港湾荷役業、⑬貨物自動車運送業、⑭食堂、喫茶店の経営、⑮古物売買業、⑯自動車に関する整備および修理業、販売業、リース業およびレンタカー業、⑰産業廃棄物収集運搬業、⑱損害保険および自動車損害賠償補償法に基づく保険代理業ならびに生命保険の募集に関する業務である。

このように事業範囲の広い企業で、ハワイアンズのみを経営しているのではない。

同社の社史概要[74]は次のようになる。

明治 16 年、磐城炭礦㈱創立、社長、浅野総一郎氏、資本金 4 万円、明治 28 年 12 月、入山採炭㈱創立、社長、白井遠平、資本金 50 万円であった。1944（昭和 19）年 3 月、磐城炭礦㈱と入山採炭㈱の両社が合併し、常磐炭礦㈱を設立、資本金 3,150 万円、初代社長、松村茂氏。1944 年 9 月、神の山炭礦㈱及び中郷無煙炭礦㈱を吸収合併、1949 年 5 月、東京証券取引所上場、資本金を 1 億円に増資、1953 年、自社ビル新築に伴い本店移転（東京都中央区銀座）、1957 年、常磐コンクリート工業㈱設立、1959 年、常磐紙業㈱設立。1964 年、常磐湯本温泉観光㈱設立、1966 年、常磐ハワイアンセンター営業開始、1970 年 5 月、新常磐炭礦㈱設立、東

---

[74] 常磐興産株式会社 HP「会社の沿革」2020 年 10 月 3 日アクセス
http://www.joban-kosan.com/

京証券取引所一部上場、商号を常磐興産㈱と変更、石炭生産部門を常磐炭礦㈱に分離、常磐湯本温泉観光㈱を合併し、常磐ハワイアンセンターの営業を承継、資本金 20 億 8,474 万円、組織変更により石炭、石油類の販売部門として燃料部新設する。1990 年、常磐ハワイアンセンターの名称をスパリゾートハワイアンズと変更しスプリングパークを開業する。1998 年、世界最大の浴槽面積の露天風呂「江戸情話　与市」がギネスブックに認定される。1999 年 10 月、「ウイルポート」、2001 年 7 月、「スパガーデン　パレオ」がオープンした。2004 年、ハワイアンズが大規模レジャー施設としては日本初となる ISO9001 を認証取得、2006 年、ハワイアンズの創業以来の累計入場者数が 5,000 万人に達する。2007 年 3 月、新テーマ型プールゾーン「Wai Wai OHANA」、8 月、ハワイをテーマとした複合型商業施設「ALOHA TOWN」をオープンする。

東日本大震災、いわき市直下型余震と地域貢献

　そして 2011 年 3 月 11 日、東日本大震災に被災し、その後 4 月 11 日に発生したいわき市直下型余震により、ハワイアンズに被害が生じ、復旧に向け作業を開始した[75]。2011 年 10 月 1 日より部分的に営業再開、2012 年 2 月 8 日よりグランドオープンした。クレストヒルズゴルフ倶楽部は、同年 4 月 25 日より営業を再開した。卸売業・運輸業は、大震災等の影響を受け減収減益となったものの、製造関連事業は堅調な海外需要を反映して増収増益となった。この結果、当第 2 四半期連結累計期間の売上高は 76 億 6,200 万円（前年同期比 112 億 2,900 万円、59.4％減）となり、営業損失は 5 億 1,400 万円（前年同期は営業利益 12 億 300 万円）となり、経常損失は 7 億 9,400 万円（前年同期は経常利益 9 億 7,600 万円）、いわき市を震源とする地震に係る災害による損失 61 億 4,400 万円を計上

---

[75] 常磐興産株式会社 HP「東日本大震災による影響について」2012 年 1 月 1 日アクセス http://www.joban-kosan.com/

したため四半期純損失は 68 億 6,100 万円（前年同期は四半期純利益 8 億 4,500 万円）となった。

東日本大震災の同社のへ影響は次のようになっている[76]。

ハワイアンズは、避難所における炊き出しや、福島県からの要請を受けて被災者に対する宿泊先提供など地域住民に対する支援を実施した。また「フラガール全国きずなキャラバン」を行い、2011 年 5 月 3 日のいわき市内避難所での慰問公演から同年 10 月 1 日からの「がんばっぺ！いわき復興祭」まで、国内海外合わせて 125 ヶ所、247 回にわたる公演を実施し、震災からの復興と風評被害の払拭に傾注した。クレストヒルズゴルフ倶楽部は 2011 年 4 月 25 日から営業開始したものの、首都圏からの利用者の大幅減少により利用者数は減少した。ホテルクレスト札幌は、震災の影響により外国客が減少する中、道内を中心とした観光客を取り込み、宿泊人員は増加したものの、宿泊単価の低下で減収となった。この結果、利用人員は、クレストヒルズゴルフ倶楽部が 1.3 万人（前年同期比 1 万人、43.9％減）、ホテルクレスト札幌が 2.9 万人（前年同期比 900 人、3.3％増）となった。また売上高 2 億 9,500 万円（前年同期比 63 億 4,100 万円、95.5％減）、営業損失 3 億 6,200 万円（前年同期は営業利益 13 億 6,300 万円）となった。石炭部門（卸売）は、震災による主要納入先の操業停止等により販売数量が減少し、大幅な減収となった。石油部門は販売数量の増加と石油価格上昇で増収となった。この結果、当部門の売上高 54 億 7,200 万円（前年同期比 48 億 5,600 万円、47.0％減）、営業利益 4,900 万円（前年同期比 3,100 万円、38.9％減）となった。製造関連事業は中国や東南アジア等の旺盛な海外需要を背景に、建設機械、トラック、産業機械及び船舶用モーター等の主力取引先からの受注環境が好調に推移し、増収増益となった。この結果、当部門の売上高は 10 億 4,600 万円

76 常磐興産株式会社 HP「平成 24 年 3 月期　第 2 四半期決算短信」2012 年 1 月 1 日アクセス http://www.joban-kosan.com/

（前年同期比 1 億 1,600 万円、12.5％増）、営業利益は 1 億 1,500 万円（前年同期比 2,700 万円、31.1％増）となった。

常磐ハワイアンセンターとスパリゾートハワイアンズの概要

スパリゾートハワイアンズグループは次の施設を擁する。スパリゾートハワイアンズ、ゴルフ場（クレストヒルゴルフ倶楽部）、割烹旅館（山海館、茨城県北茨城市）、ホテルクレスト札幌、海洋レストラン「ナン・クー」、ハワイアンズホテルウェディング、常磐案額舞踊学院（福島県知事認可各種学校）である[77]。

同施設の社史[78]は次のようになっている。

1965 年 4 月、常磐音楽舞踊学院設立、日本で初めてのポリネシア民族舞踊・フラメンコの各種学校として各界各層の講師陣を有し開校した。アトラクションの目玉となるステージの専属ダンサーの育成が始まった。1966 年 1 月 15 日、常磐ハワイアンセンター開業、常磐炭砿時代、地下湧水の温泉を利用し、「夢の島ハワイ」をイメージした日本初のリゾート施設、日本初の温泉テーマパークである。当時の入場料は 400 円で、土産品として人気のアロハ、ムームーが各 300 円であった。「千円もってハワイに行こう」がキャッチフレーズであった。現在のウォーターパークの原形である約 7,000 ㎡の大ドームは、オープン当時からの主力施設で、規模の大きさが評判となった。東北では育成するのが難しいといわれたヤシの木を温泉の地熱を利用して育成し、自然の本物の熱帯植物の臨場感を大ドームに再現した。その中で人気の高かったのがバナナの木である。木にバナナがなっている光景は非常に珍しく、人だかりが絶えなかった。初年度の来場者数は平日で 2〜3 千人、日曜は約 1 万人の人手で賑わ

[77] スパリゾートハワイアンズ HP「会社概要」2020 年 10 月 3 日アクセス
http://www.hawaiians.co.jp/profile/index.html
[78] スパリゾートハワイアンズ HP「ハワイアンズヒストリー」2020 年 10 月 3 日アクセス　http://www.hawaiians.co.jp/profile/history.html

い、年間トータルで約 120 万人にのぼった。1964 年の日本観光協会の調査によると、一番行ってみたい国のナンバー1はハワイであるが、海外旅行に出かける機会がない、行けないとの回答がほとんどだった。

その後、施設を次々に追加した。1967 年、熱帯植物園「バナナ園」、露天岩風呂「ナイアガラ風呂」、1970 年、「金風呂」、年間来場者数 155 万人突破、1978 年、国内初「屋内流れるプール」、1984 年、「ホテル中央館」、1985 年、「わんぱくプール」、1986 年、コンベンションホール「ラピータ」「ワンダーホルン」、1987 年、「ワンダーリバー」、1988 年、「ホテル南 2 号館」「1988 年デミング賞実施賞事業部賞」受賞、1989 年、ゴルフコースとして「クレストヒルズゴルフ倶楽部」、1990 年、「スプリングパーク」、総事業費 50 億円で「スプリングパーク」をオープンした。1994 年、「ホテル南 3 号館」、1995 年、「ウォーターパーク」リニューアル、1997 年、日本一の大露天風呂「江戸情話　与市」、1999 年、「ウイルポート」、2001 年、「スパガーデンパレオ」をオープンした。2003 年、本店所在地をいわき市へ移転、2004 年、ISO9001 認証取得、常磐音楽舞踊学院東京公演、2006 年、開業からの入場者数が延べ 5,000 万人を突破した。常磐ハワイアンセンター設立時の物語を描いた映画『フラガール』が 2006 年、全国一斉ロードショーとなった。2007 年、WaiWai OHANA と ALOHA TOWN、フラ・ミュージアムがオープンした。2008 年、舞台「フラガール」が全国 5 ヶ所（東京、いわき、福岡、大阪、名古屋）で公演された。

3．エネルギー革命と常磐炭鉱の経営難

日本の近代化を支えてきた石炭産業は昭和 30 年代（1955〜1965 年）に入ると一気に低迷した。最盛期には 125 の鉱山を擁し、本州最大の出炭量を誇った常磐炭鉱にも、エネルギー革命は押し寄せた。合理化に次ぐ合理化の果てに、次々と鉱山（「ヤマ」と呼ばれていた）が姿を消した。そんな時代に常磐ハワイアンセンターは設立された。炭鉱の街に突如現

れた一大レジャー施設は華麗なる転身として話題を呼んだ。その裏には
企業の存亡と従業員の失業を賭けた英断があった。昭和30年代になると
炭鉱産業の斜陽化ははっきりした。「石主炭従」という国の政策転換で石
炭需要は海外の石炭に押されて激減した。その上、常磐炭鉱の石炭は北海
道、九州に比べてカロリーが低かった。また毎分120トンもの温泉（70℃）
が湧き出すため、温泉を汲み上げるためのコストも経営を圧迫していた。
1971年に第一次閉山を迎え、3,500人の従業員のうち3,000人がヤマを
去った。1976年には細々と操業を続けていた西部砿も閉山した。閉山は
いつも当該地域に悲劇をもたらした。しかし常磐地区は他の炭鉱の街に
比べて、その傷跡ははるかに小さかった。同社の多角化経営が離職者に雇
用の受け皿を作ったからである。常磐炭鉱が余剰人員の首を切れなかっ
た理由を菊地勇氏（常磐興産取締役）は「社外の人には分からない。常磐
炭鉱は特殊な労使関係に支えられていたため」と言う。同氏は長い間、労
働組合のリーダー格として会社と戦ってきた。同氏は、日本の近代化の犠
牲になったのは炭鉱、紡績の労働者だったと言う。劣悪な労働条件、災害
も頻繁に発生した。従業員は組頭の命令一下で働く封建的な枠組みでの
労働を強いられる一方、「友子制度」という一種の共済制度でお互いの身
を守っていた。大正時代、さらに戦後間もなく炭鉱を舞台に次々と大争議
が起きた源流はそうした鉱夫の境遇にあった。1952年、総評系の炭労は
63日にわたる大ストライキに突入した。常磐労組は33日目にしてスト
戦線から離脱、ついには炭労から脱退した。職場を離れると、坑道が温泉
に浸かり、操業不能になる。長期ストに耐えられるだけの恵まれた条件に
なかったことがスト破りという非難を覚悟の上で、単独行動に走らせる
直接の原因だった。しかし根底には一山一家（いちざんいっか）という一
種の家族主義的な労使協調路線の伝統があった。しかも同社は三井、三菱
などと違い全国に一つしか事業所がなかった。「好むと好まざるとにかか
わらず、地域で生きるしかない土着企業だった」と菊地氏は言う。常磐興
産がその後も従業員ばかり多くて低収益にあえいでいるのも合理主義に

徹し切れなかった経営体質に深い関わりがある。その代わり、街は閉山後遺症からいち早く立ち直ったのである[79]。

　固体エネルギー（石炭）から液体エネルギー（石油）へのエネルギー革命は、常磐炭鉱に種々の合理化計画を打ち出させた。当時、常磐炭鉱は茨城県北部から福島県にかけての太平洋岸に鉱区を有し、従業員1.6万人、年間360万トンを出炭する三井、三菱、住友などの諸炭鉱に並ぶ全国でも大手の炭鉱であった。従業員の離職者対策のために、炭鉱の持つ人的・物的資源をフルに活用して次々に系列会社を新設してきたのである。1970年、常磐炭鉱より常磐興産に社名変更し、系列会社を含めた常磐興産グループを形成した。多種多様な業種であるが、いずれも常磐炭鉱とかかわりを持つ事業である（池澤・安藤, 1990, 14-16頁）。

温泉資源の活用と地域活性化

　1883（明治16）年、浅野総一郎氏を社長とする常磐鉱山㈱が設立された。**富国強兵、殖産興業**を推進する日本にとって製鉄や電力生産などは最重要項目で、それを生産するのに欠かせない石炭採掘は政策に関わるものとなった。その後、戦時中の強制出炭から戦後の混乱期を経て、朝鮮動乱時代に石炭隆盛の時を迎えた。いわき市は、石炭産業と温泉旅館街が地域振興のために助け合う恵まれた協力体制の中、自治体としての基礎を築いた。しかしエネルギー革命は採炭事業を存続不可能にした。採炭会社撤退は、共存関係にあった湯本温泉旅館街を衰退させ、いわき市の自治体としての機能も脅かす事態になった。また常磐炭鉱に依存していた従業員および家族の生活を守り、地域社会の維持のために新規事業立ち上げは、官民あげて急務だった（三橋, 2009, 60頁）。

　そのような中、当時常磐炭鉱の中村豊副社長が立ちあがった。温泉水を活用して、本業の石炭採掘事業から異例な観光事業へと転向を図った。通

---

[79] 日本経済新聞　地方経済面　東北A　22頁　1984年3月24日「東北経営、未来への選択（19）第2部開発の系譜（9）土着ゆえの変身。」

常この業界では石炭1トンを掘るのに40トンの温泉水を汲み上げなければならなかった。温泉水は採炭作業の一番の邪魔者で、これを利用した事業は誰も想像しなかった。逆転の発想で常磐ハワイアンセンターが誕生したのである。炭鉱従業員600名を常磐ハワイアンセンターに雇用し、湯本温泉旅館街に波及効果として多数の客を招き入れ、地域活性化に寄与した。かつての当該温泉街は30軒足らずの旅館宿泊施設で200名程度の客しか収容さなかったが、60件のホテル・旅館の街に拡張され、通常約3,000名の客を収容する宿泊施設を持つ街となった（三橋, 2009, 60-61頁）

　全くの素人が作り上げたが、常磐ハワイアンセンターは1966年1月のオープン初日から連日満員となり、初年度の入場者数は100万人を超え、予想以上の黒字を計上した。中村氏を筆頭に、元炭鉱夫、その家族、フラメンコ講師の香取希代子氏などの並々ならぬ努力、米国ハワイ州観光局の林田氏や当時の常磐市長・磯野清治氏の協力と熱意により、順調なスタートを切ったのである。「企業繁栄のためには、時代背景と構想目的が一致しなければならない」という基本理念のもと、常磐ハワイアンセンターは市場の潜在的ニーズに対応した。彼らのフロンティア精神は施設運営にも反映されている。開業1年半で熱帯植物園、2ヶ月後に露天風呂ナイアガラ、3年後には金風呂など次々に新施設がオープンし、話題性があったためマスコミが報道した。しかし人気を誇った施設も現在ではほとんど姿を消し、新しい施設に生まれ変わっている。顧客の志向や時代のニーズに敏感に反応し、素早く対応した（三橋, 2009, 61頁）。

　同施設の設立目的が常磐炭鉱の余剰人員吸収にあったため、設立当時の人員構成のうち、サービス業経験者はポリネシアンダンスと日本舞踊の講師のみで、それ以外は全て炭鉱からの移籍者かその子弟であった。例えば、坑内でのガスの観測をしていた者が蝶ネクタイを着けてフロントに立ち、音楽好きの売店の店員がバンドマンに、労働組合の宣教委員は話が上手いため舞台の司会者に、東京本社勤務でバレー経験のある女子事

務員がダンス舞踏員になった。彼らが同業他社の見学、実習を重ねて、見よう見真似で同施設を発足させた。そして施設の特異性に加えて、炭鉱からの転職ということで世間の同情を集め、ひたむきな真摯さが買われて好評裡にスタートした（池澤・安藤, 1990, 20 頁）。

地域と共存共栄

　同施設は地域社会に密接し、共存共栄の姿勢で臨んだ。発足当時、既存の湯本温泉の客層を圧迫しないように、宿泊施設や料金に工夫を凝らした。当時温泉街の宿泊料金が一泊二食 2,000 円平均であったため、3,000 円以上のハイレベルを希望する客層をターゲットにしたホテルと、1,000 円以下の団体客のためのレストハウスの 2 つの施設を作った。その後の生活の質向上により差別化の必要もなくなり、同一料金にした。同施設の知名度が高まるにつれ温泉街ともども集客力をあげた。また地元民のために「椰子の実会」を作って年間契約の低料金で入浴できるようにした。敬老の日は高齢者を招待し地域社会に貢献している。家族からグループ、団体、子供から高齢者まで全ての客層に満足してもらえるよう努めている。1985 年度入場者 150 万人の内訳は、ホテル宿泊客 19%、「椰子の実会」会員 15% で、客層の主体である一般客（家族、個人、グループ、団体）は 66% である。特に団体の内訳は、子供会 56%、老人会 2%、婦人会 2% である（池澤・安藤, 1990, 21 頁）。

5．クオリティ向上と顧客満足向上策
QC 活動と顧客満足向上策　―デミング賞受賞―

　常磐ハワイアンセンターは 1988 年 11 月、デミング賞を受賞した。同施設はサービス業で初めてデミング賞に挑戦し、何度か訪れた挫折の危機を炭鉱時代に培われた一山一家の強調精神で乗り越えた。厳密には、常磐興産株式会社常磐ハワイアンセンターが、デミング賞実施賞事業部賞を受賞したのである（池澤・安藤, 1990, v 頁）。

デミング賞とは、戦後の日本に統計的品質管理を普及し、日本製品の品質を世界最高水準に押し上げた大きな礎となった故デミング（William Edwards Deming：1900～1993）博士の業績を記念して 1951 年に創設された TQM（トータル・クオリティ・マネジメント：総合的品質管理）に関する世界最高ランクの賞である[80]。

同施設のデミング賞受賞についてこう考えられている。鉱山の歴史は「一山一家」という理念のもと、良きにつけ悪しきにつけ運命共同体の強い意識で結ばれていた。特に炭鉱住宅という世間から隔離された集団生活の中で顕著であった。このことは合理化や閉山の逆境に遭遇したときに生き残りをかけて結束して立ち向かうエネルギーになった。常磐興産グループ初期の文化は閉鎖的で自己中心的な弊害が伴った。開業後、自己利益が優先になり顧客の立場で考え、顧客第一主義に徹するのにはほど遠く、古い体質のままだった。離職者対策が優先で、守りの経営とならざるを得なかった時代はそれでもなんとか生き残れた。閉山処理が終わり（1977 年）、世間並みの企業として前向きに再出発する際、集客力に影響が出るようになっていた。また同グループ下にある安心感、甘えから危機感がどうしても希薄であった。顧客第一主義、品質主義の TQC の思想は、この体質を覆す大きな原動力となった。デミング賞挑戦にあたって再び一山一家の団結力がものをいった。つまり、一山一家の功罪は 1980 年前後になっても続いていた（池澤・安藤, 1990, 21-22 頁）。

次世代の経営者を育てることが、常磐興産グループ 27 社が 1982 年から一斉に開始した TQC の大きな目的であった。このため同グループでは TQC の両輪である管理者の QC と QC サークル活動の 2 つのうち、どちらかといえば管理者への QC 教育に重点を置いていた[81]。

---

[80] 日本科学技術連盟 HP「デミング賞」2012 年 1 月 10 日アクセス
http://www.juse.or.jp/deming/
[81] 1984 年 11 月 9 日　日経産業新聞　20 頁「グループぐるみで TQC——常磐興産常務中田信夫氏（QUALITY）」

雇用・賃金体系の見直しと地域雇用継続

　同施設は、集客力の維持、向上にはハードの魅力の増強のみならず、ソフトの質向上も重要とし、1999 年に旧来の雇用・賃金体系を撤廃した。人材育成による組織活性化の手段として、キャリアや学歴ではなく結果と評価を連結させ、従業員のモティベーションを高める制度を導入した。ただし評価する各セクションのマネジャーは、賞与ごとに 60〜70 人の部下の査定を行わなければならず、膨大な時間を費やした。評価される従業員にとっては評価基準が不明瞭など、導入後に様々な課題が噴出し、大幅な見直しを行った。同施設の支配人、松崎氏は新卒社員に求める人材像で最も重視する適性として、明るさと素朴さを挙げている。これは同施設のコンセプトにも合致する。2000 年代に都心に次々にオープンした類似の温泉施設との最大の差別化である。新卒採用には地元の学生を中心に毎年 10 人前後採用している。常磐炭鉱からの離職者救済のための施設として設立されたことから、現在でも募集を地域に限定して、地域雇用に貢献している。その一環として、毎年 1〜2 名を市内の高校から優先的に採用している。それ以外の新卒は、市内の大学生や、市内出身で東京の大学に通っている学生の U ターン就職が多い。一方、繁閑期の波が大きいレジャー施設なので、いかにうまくパートタイマーを活用するかがポイントとなる。年間で最も混雑する夏休みに通常雇用のパートタイマーに加え、地元の高校生、大学生を中心に 150〜200 人を期間限定で雇用する。しかし不十分な育成で現場に立つことになる。それを改善するために、夏季に雇用した学生を優先的に採用し、また時給などの待遇面でもインセンティブを与えるなどしている（綜合ユニコム, 2003 a, 78-79 頁）。

　現場の人材の戦力アップを目的に、マネジャーや課長といった管理職、リーダークラスを対象に部下（アルバイトを含む）育成から評価の仕方、目標・計画の立案といった総合的な研修を定期的に外部から講師を招聘して行っている。施設間の人材の流動化に関して、新入社員は施設全体の機能や特徴を理解させる目的から数ヶ月ごとの異動で各セクションを経

験させ、それ以外は年度の人事異動が多少あるだけで組織の活性化に至らないという認識が強い。そこで中長期的な人材の戦力化を重視した配置を行った。レジャー産業では、結果と評価の相関が曖昧なため人材活用は難しい。結果が評価となって給与につながる評価制度が機能することこそ、従業員のモティベーション向上に必要である（綜合ユニコム, 2003a, 79 頁）。

多様な設備投資と集客戦略

　同施設は集客向上のために取り組んだ、①施設拡充、②オペレーションとサービスの向上、③マーケティング重視の営業、という三本柱を軸にハード、ソフト両面から進めてきた営業戦略があった。1966 年常磐ハワイアンセンター開業の時はハワイに行ける日本人はほとんどいなかったが、時代が進むにつれて憧れだったハワイは身近なものになった。一時は 155 万人まで伸ばした来場者数は、1983 年には 97 万 7,000 人にまで落ち込んだ。この年は東京ディズニーランド開業の年である。1990 年前後のバブル期はテーマパーク開発全盛期となった。常磐興産の坂本征夫氏は「レジャーランドは必ず壁にぶつかるときがくる。宿泊施設を保有している点も活かし、長時間遊べる滞在型の施設を目指そう」と多彩な施設の増設を計画した。その際、絶叫マシンなどを導入するのではなく、ハワイにこだわらないが、温泉を格としたテーマパークとして温泉を活かすと決定した。その方向性を内外に示すためにリゾートを入れ、「スパリゾートハワイアンズ」と名称変更した。そして「温泉とくつろぐ」というテーマでバラエティ豊かな温泉が楽しめる水着浴施設と温泉大浴場を併設した「スプリングパーク」を **50 億円** で新設した。1997 年、癒しをテーマに大露天風呂を、1999 年には健康、美をテーマにアクアエステ専用プールを、2001 年に屋外の温泉を増設した。このように温泉を媒介にした施設を作り、オリジナル性を持たせたこと、個人客に向けて幅広い客層に対

応した施設作りが好調の要因とされている（綜合ユニコム, 2004, Ⅰ-12-Ⅰ-13頁）。

　同施設の商圏（誘致圏）は、一次圏が地元のいわき市、日立市など北茨城、二次圏が郡山市、水戸市、三次圏が首都圏である。これらは距離で決めたのではなく、外部の専門機関に依頼し複雑な誘致圏を導き出したのである。これらの商圏の市場調査データに沿って戦略を立てる。いつどの地区でどの客体をどのくらい集めるかに基づき、広告をテレビ、新聞、チラシなど媒体を選別してイベント、商品を作る。月、地域、客体別に細かく戦略を変えることによって、その成功要因、失敗要因を分析できるので同じ失敗をしないように次の戦略を策定できる。三次圏の首都圏を重点的に営業するようにした。無料送迎バスを運行し、首都圏に向けたテレビCMの増加、店頭での割引券型のパンフレット配備、各企業とタイアップなどを行い、首都圏から200キロ圏という立地もアピールした。特にCMのインパクトは絶大らしく、東京多摩地区、千葉、神奈川からの来場者が増加した。90%を占める個人客に向けて、2000年から他社に先駆けて無料送迎バスを運行し始めた。マイカーを持たない高齢者や女性に向けたサービスであったが、実際には若年層の利用者も多く、約36万人が利用し、宿泊施設の安定した集客に貢献した。例えば、東京から特急で来れば1万3,000円程度かかる。これが無料になるのである。「宿泊客は地元客に比較して消費額が大きく、消費単価を上げてくれる。その安定した集客が見込めるわけで、非常にバスの貢献度は高い」と坂本氏は言う。このバスは赤字覚悟で行っているのではなく、エージェント手数料がなくなるため、その分でバスを手配している（レジャーランド＆レクパーク総覧2005, Ⅰ-13-Ⅰ-14）。

東京でショー開催、温泉ドックで滞在型化

　レジャー企業は「地域に愛され、地域が発展していかない限り、自社だけが好調を維持するということはない」と坂本氏は言う。その考えのもと、

福島県、いわき市、観光協会、温泉旅館組合、バス会社と連携し、いわき市全体の活性化を図る。2004年7月に初めて市と連携し、東京都中野区の中野サンプラザで2004いわき観光共同キャンペーン事業「いわき・TOKYO・旬・フェスタ」を開催した。同施設はポリネシアンショーなどを行い、2,200人集め、成功を収めた。その後、温泉ドックを開始し、現代型湯治（滞在型温泉保養）を開始した。これで温泉の全ての用途に活用する温泉テーマパークになる。同施設は遊びを主体としてきたが、少子高齢化を考えると、シニア世代に向けたソフト作りが不可欠となる。1ヶ月滞在してもらえるような、同施設がきちんと管理できる温泉ドックの核となるブランド作りを考えている。同施設の来場者数は、<u>平日対休日で1対7</u>である。休日はファミリー層が多く、平日は若年層やシニア層だが、年間を通してみればファミリー層が圧倒的となる。平日のシニア層の集客が必要不可欠である。課題は、平日のアクティブシニアを集客する商品の開発である（綜合ユニコム，2004，Ⅰ-15）。

団体客減少と個人客増加

2000年代に大型スパ施設のオープンが相次いだ。同社では、客層のシフトがスムーズに転換できたから客数減少しなかったと考えている。例えば、1995年のホテルハワイアンズの宿泊客の内訳は、年間30万人の宿泊客のうち個人客が12万人、団体客は18万人であった。2000年代に入ると社用団体旅行や消費者の志向が団体旅行から個人旅行へのシフトで団体客10万人、個人客10万人となった。個人向け商品開発に着手した。首都圏からのシニア層、特に女性客をメインターゲットに温泉を活かしたスパ、エステ、フィットネス機能に加え、飲食、保養を兼ね備えた多様なリフレッシュプログラムを展開した（綜合ユニコム，2003b，51-52頁）。

日帰り客・宿泊客増加計画

　常磐興産は 2003 年度を初年度とする 3 ヶ年中期計画を策定し、日帰り客増加、宿泊客の販路拡大を目指し、個人旅行者に向けた直販体制強化の方針を打ち出した。そして営業部門内に直販営業推進セクションを、企画部門にイベントを企画推進セクションを新設した。それまで大規模集客施設ゆえにエージェントに団体客を中心とした営業に偏りがちであったことを反省し、個人客について既存顧客のフォローアップと新規顧客の獲得を目指した。イベント企画体制と訴求力ある商品を強化する方針にした。2003 年当時、同施設には宿泊客リスト約 17 万件、メール会員約 5,000 人、日帰り家族会員約 5,600 人を含め約 20 万件の顧客リストがあった。これら個人客に DM やメール配信でイベント情報などを提供した。同社では、日帰り客についてまだ効果を把握できていなかったが、宿泊客については個人客が増加傾向にあることに手応えを感じていた。また従来通りの新聞、雑誌、折り込みチラシで新規開拓に励んだ。2002 年に外部専門調査機関に委託し本格的な市場調査を実施した。それによると、日帰り圏として消費者が許容できるのは 2 時間 22 分までと言う結果が得られた。こうした調査に基づく的確なポスティングが功を奏し、集客につながった。今後もこのような調査を行い商品開発そして集客する（綜合ユニコム, 2003b, 52 頁）。

6．発見事項と考察

　本章では、常磐炭鉱のテーマパーク事業多角化と地域振興を考察してきて、次の点を発見した。

　第 1 に、常磐興産グループは、中核事業が常磐ハワイアンセンター（現ハワイアンズ）なので、炭鉱閉山をきっかけに常磐ハワイアンセンターに多角化した印象を与える。しかし実際は炭鉱事業が衰退していった 1959 年から都市ガス事業等に多角化を始めていた。炭鉱事業の経営資源を活

かして様々な事業に多角化し、最も成功しているのがハワイアンズなのである。

　第2に、石炭は「掘れば売れる」という産業特性であった。日本政府が買い取ったからである。これは社会主義の計画経済と類似した性質である。ここから市場経済（資本主義経済）への移行は、並々ならぬマインドの転換が必要だっただろう。閉山と失業が迫ってきたので背水の陣で臨んだからできたのだろう。

　第3に、常磐ハワイアンセンターの初期メンバーはサービス業経験者がほとんどいなかった。今ならアルバイトで飲食・小売など多種多様なサービス業があるが、当時日本にサービス業がほとんど普及していなかったため、アルバイト経験者すらほとんどいなかった。また戦前は、義務教育という制度が無く、小・中学校（当時は尋常小学校・尋常高等小学校という名前）にも学費を払って通った。お金が無ければ小・中学校すら行けなかった。そのため若いうちに就職した。戦後、小・中学校は義務教育化されたが、まだまだ中卒で就職する人が多かった。炭鉱労働者は、現代のように長い学生時代にアルバイトを経験してから就職するのではなかった。それでサービス業経験者が少なかったのだろう。

　第4に、同施設は東京など首都圏からの無料送迎バスで集客に成功している。それはバブル崩壊後のデフレの騎士（徹底的なコスト削減で低価格を実現している企業。100円ショップ等）にありがちな低収益に支えられているのではないことが明らかになった。旅行代理店へのエージェント手数料がなくなるため、その部分をバスの費用に当てている。遠方からの客はほとんど宿泊するため、宿泊客は地元の日帰り客より単価が高い。

7．まとめ

　新日鉄のスペースワールド（第1章）とトヨタ自動車のラグナシア（第2章）との比較が非常に興味深い結果となった。新日鉄のスペースワールドは親会社の強力な支援を受けられたのでなかなか自立できず、民事再

生法を申請し、他社に経営譲渡する結果となった。トヨタ自動車のラグナシアはバブル期のレジャー開発で、350億円の債務超過に陥って民事再生法適用を申請した。常磐ハワイアンセンターのように頼れる親がいない不幸は、結果的に早い自立を生んだ。強大な親に食わせてもらっているなら自立しなくてすむ。人間も会社も誰にも頼れない環境で全力で取り組み早く自立したい。

　新日鉄からスペースワールドへの出向組は「早く新日鉄に戻りたい」と思っていたが、常磐炭鉱へ戻る選択肢はなかった。そのため早く自立せざるをえなかった。結果的に、親に甘えられない過酷な環境が常磐ハワイアンセンター成功につながった。常磐ハワイアンセンターは常磐興産グループの大黒柱になった。他に大黒柱といえる企業は無い。そのため常磐ハワイアンセンターの黒字でグループ全体を支える立場となった。大黒柱（新日鉄）がいたスペースワールドとは環境が大きく異なる。それが常磐ハワイアンセンターを成長させたのだろう。また他の炭鉱大手と比較しても、三井、三菱、住友は他の事業所があったが、常磐炭鉱は他の事業所が無かった。何にも頼れない苛酷な環境が、結果的に自立につながったのだろう。

<参考文献>

● 池澤辰夫　安藤之裕監修　常磐興産株式会社スパリゾートハワイアンズ編（1990）『レジャー・サービス業の TQC への挑戦　常磐ハワイアンセンターの実践記録』日科技連出版社

● 綜合ユニコム（2003a）『月刊レジャー産業資料』2003 年 11 月号　綜合ユニコム

● 綜合ユニコム（2003b）『月刊レジャー産業資料』2003 年 12 月号　綜合ユニコム

● 綜合ユニコム（2004）『レジャーランド＆レクパーク総覧 2005』綜合ユニコム

第4章　USJの沖縄新テーマパーク計画と地域振興
―キーファクターはカジノ事業可能か―

１．はじめに

　大阪市のユニバーサル・スタジオ・ジャパン（USJ）を経営する㈱ユー・エス・ジェイは2014年2月に沖縄に新テーマパークを作るとマスコミに発表した。しかしユニバーサル・スタジオ（US）はこれまでにUSソウル、US上海、USバルセロナまたはパリまたはロンドンを計画し、マスコミ発表後に撤回した（中島, 2014）。

　沖縄では商圏が小さすぎる。東京ディズニーリゾート（TDR）でさえ、関東からの来場者が6～7割なので、関東外からの来場者は3～4割である。沖縄からの来場者が6～7割であればとても採算が取れない。そう思っていた矢先に撤回が報道された。

　本章では、USJの沖縄の新テーマパーク計画発表から撤回までの経緯を地域振興の視点で考察する。研究方法は文献研究である。テーマパークをUSJ、それを経営する企業を㈱ユー・エス・ジェイと表記する。

　㈱ユー・エス・ジェイは2018年10月に合同会社ユー・エス・ジェイに社名変更された[82]。本章では、この出来事があった時の社名である㈱ユー・エス・ジェイと表記する。

　合同会社ユー・エス・ジェイは大阪市此花区に本社を置くテーマパーク、USJの運営会社である。代表者は社長CEO、J. L.ボニエ氏、資本金50億円、米国法人ユニバーサル・シティ・スタジオ・プロダクションズ他ユニバーサルグループ各社から、知的財産の利用についてライセンスを受けている[83]。同社は非上場のため売上高など全て非公開である。

---

[82] 合同会社ユー・エス・ジェイHP「沿革」2020年10月3日アクセス
https://www.usj.co.jp/company/about/history.html
[83] 合同会社ユー・エス・ジェイHP「会社概要」2020年10月3日アクセス
https://www.usj.co.jp/company/about/

２．2020 年開業を目指すとマスコミ発表

2010 年代に USJ 急成長

　2014 年 2 月、㈱ユー・エス・ジェイがテーマパークの新設を国内外で検討していると発表された。事業拡大の背景にあるのはテーマパーク運営に対する自信であった。USJ の 2013 年度の入場者数は開業した 2001 年度以来となる 1,000 万人突破がほぼ確実となっていた。USJ は明確な戦略に基づき、集客力を高めてきた。森岡毅チーフ・マーケティング・オフィサーは「テーマパークを世界で最も効率的に運営できている」と言う。森岡氏は「両輪戦略」と呼ぶマーケティング施策の指揮を執ってきた。両輪戦略の 2 つの車輪の 1 つは家族客の取り込みである。2012 年春には敷地面積約 3 万平方メートルのエリア「ユニバーサル・ワンダーランド」を開き、スヌーピーやハローキティといった人気キャラクターのアトラクションを集め、幼児を連れた家族客を呼んだ。USJ はそれまで「ジョーズ」や「ジュラシック・パーク」などハリウッド映画を題材にした迫力あるアトラクションのイメージが強く、家族連れには敬遠されがちだった。数十億円を投じた新エリアの開設でイメージを払拭し、客層を広げた。もう 1 つの車輪が独身の若い女性客をターゲットにしたことである。低年齢向けという印象が強まると、独身 OL や女子大生の足は遠のきかねない。2013 年度には後ろ向きに落下するジェットコースター「バックドロップ」を導入し、人気映画「スパイダーマン」のアトラクションを刷新した。さらにハロウィンやクリスマスのイベントを拡大して集客に努めた。2010 年度に 750 万人だった入場者数は開業 10 周年を迎えた 2011 年度に 870 万人、2012 年度には 975 万人と 2 年連続で 10％以上伸びた。2013 年度も 8～12 月にかけて開業以来初めてとなる 5 ヶ月連続での 100 万人超えを達成した。アトラクションやイベントに投資を続ける中、2010 年度から 2014 年 1 月まで計 5 回の値上げを実施した。大人の 1 日券は 2010 年度初めに 5,800 円だったが、6,790 円へと値上げされた。客単価上昇と入場者数増加が重なり、USJ の売上高が格段に上がった。2014 年の後半

にハリーポッターを新設しさらに入場者数を増やした。USJ の敷地には
「まだ拡張の余地はある」と森岡氏は言う。しかしさらなる成長には関西
の外に打って出る必要が出てきた[84]。

政府の沖縄振興政策と美ら海水族館エリアに新設計画

そこで USJ は沖縄に新施設を計画し始めたのである。森岡氏は「東京
五輪が開催される 2020 年までのオープンを目指すには年内に着工しな
いといけない」と言う。建設地は観光客に人気の高い沖縄美ら海水族館が
ある国営海洋博公園（沖縄県本部町）が有力であった。ユニバーサルのブ
ランドは使わず、完全新規のパークにする。美しい自然や水族館などと連
携した総合リゾート施設にする計画であった。㈱ユー・エス・ジェイは、
地域を限定して特定の規制が緩和される国家戦略特区の活用も視野に入
れた。しかし政府の沖縄振興策と深く関係するため米軍普天間飛行場（宜
野湾市）の移設問題の影響を受ける可能性もあった。海洋博公園までは高
速道路が開通しておらず、慢性的な交通渋滞が課題であった。那覇空港か
ら車で 1 時間半程度かかることもあり、同社はパーク建設にあたり沖縄
県などに交通インフラ整備を求めた[85]。

3．カジノ計画と知事交代で政策転換

2015 年 3 月、㈱ユー・エス・ジェイのグレン・ガンペル社長が沖縄県
に新たなテーマパークをつくる方針を伝えた。USJ のような映画やテレ
ビ番組をテーマとするのではなく、沖縄に合ったものを展開し、インバウ
ンドも含めて考えるとした。2020 年より早い開業を目指すと見られてい
た。新テーマパークの場所は明らかにしなかったが、米軍普天間基地の移

---

[84] 2014/02/24 日経 MJ（流通新聞）　15 頁「USJ、テーマパーク新設検討、家族
と女性、集客に自信——映画以外も人気キャラ、イベントなど多彩。」
[85] 産経 WEST「USJ 沖縄新パークを左右するのは…普天間、交通インフラ、経
営陣交代（2016 年 1 月 4 日）」2016 年 4 月 19 日アクセス
http://www.sankei.com/west/news/160104/wst1601040025-n1.htm

設先、辺野古がある名護市の名護自然動植物公園（ネオパークオキナワ）が有力であった。㈱ユー・エス・ジェイの沖縄進出の狙いは、カジノ進出とみられていた。米ブルームバーグは 2014 年 8 月、㈱ユー・エス・ジェイがカジノ事業への進出を目指し、複数の海外事業者と共同事業に向けて交渉していると報じた。大阪では、大阪府と大阪市が大阪湾の人工島・夢洲（ゆめしま）地区をカジノ誘致の候補地として検討していた[86]。

大阪市長に USJ 経営者と信頼関係がないと拒否される

　㈱ユー・エス・ジェイのカジノ事業参入計画が報じられると、橋下徹・大阪市長が「USJ 経営者と信頼関係がない。他の業者にやってもらいたい」と宣言した。大阪市は USJ に貸している土地の賃料値上げをめぐって㈱ユー・エス・ジェイと係争中であった。そこで㈱ユー・エス・ジェイが狙いを定めたのが沖縄であった。ガンペル社長は米ブルームバーグのインタビューで「沖縄県では名護市が市内に所有する自然動植物公園『ネオパークオキナワ』が具体的な開設候補地のひとつで、新しいテーマパークと IR（Integrated Resort：統合型リゾート）建設の両方の可能性を検討する」と語った[87]。

仲井真知事から翁長知事に変わって政策転換

　ガンペル社長が新テーマパークの候補地や開業時期を明らかにしなかったのは、2014 年 11 月の沖縄県知事選挙で仲井真弘多・前知事が落選したからであった。前・仲井真知事時代には進出計画は順調に進み、2014年 7 月 6 日付琉球新報は、USJ が名護市進出に向けて県と協議している

---

[86] Livedoor NEWS「USJ、沖縄進出の裏の狙いはカジノ！早くも暗雲　カギ握る米軍基地移設と共倒れか（2015 年 4 月 22 日）」2016 年 4 月 20 日アクセス http://news.livedoor.com/article/detail/10033471/
[87] Livedoor NEWS「USJ、沖縄進出の裏の狙いはカジノ！早くも暗雲　カギ握る米軍基地移設と共倒れか（2015 年 4 月 22 日）」2016 年 4 月 20 日アクセス http://news.livedoor.com/article/detail/10033471/

と報じた。米軍普天間基地（宜野湾市）の名護市辺野古沖への移設を容認していた仲井真氏は、USJ誘致に積極的であった。USJが新たな雇用を創出するので辺野古移設反対の地元の声を抑える狙いがあった。しかし三選を目指した仲井真氏は落選し、**辺野古移設反対**派の翁長雄志（おなが・たけし）氏が知事に当選した。これによって、2015年2月に公表されるはずだった候補地の発表は凍結された。代わって日本政府が全面的に乗り出してきた。菅義偉官房長官（当時、現総理大臣）は同年3月18日、㈱ユー・エス・ジェイが沖縄に新テーマパークの創設を検討していることについて「沖縄の振興を考えたときに極めてインパクトがある」「政府としてはできる限りの支援をしたいとしっかり伝えてある」と述べた。政府が沖縄振興策の柱に据えていたのが、外国人観光客を呼ぶための**カジノ設置と那覇空港第2滑走路の整備**であった。ただし、これは沖縄県が米軍基地の名護市辺野古沖への移設を受け入れることが絶対条件であった。辺野古移設が頓挫すれば、カジノ誘致と第2滑走路計画は白紙還元される。建前上では基地移設と経済振興は別物だが、実態はワンセットである。㈱ユー・エス・ジェイの新テーマパークは政治的マターの様相を呈したのであった。カジノ法案は2014年の臨時国会で廃案になった。超党派の国会議員でつくる「国際観光産業振興議員連盟」（会長・細田博之自民党幹事長代行）は統一地方選挙後に再提出した。しかし、公明党が慎重な姿勢を崩さず、カジノ法案が成立するか微妙だった。3月19日付米ロサンゼルス・タイムズは「ユニバーサル・スタジオは実現することのないテーマパーク（構想）を世界各地で発表するという長い歴史を持っている」と皮肉った。2007年の韓国とドバイ、2008年のフィリピン、2010年のインドでの計画はいずれも立ち消えになった。2012年に発表され、2018年開業予定のロシアの屋内テーマパークも、進展がほとんどないと

伝えられた。㈱ユー・エス・ジェイの沖縄進出は、米軍基地の辺野古沖への移設とカジノ法案の成立にかかっていた[88]。

　沖縄新テーマパーク計画から撤退後の 2016 年 12 月にカジノを中心とする統合型リゾート施設（IR）整備推進法案が成立することとなった（後述）[89]。

USJ がコムキャストに買収されトップ交代

　2015 年 11 月 13 日、米メディア大手コムキャストは㈱ユー・エス・ジェイの発行済み株式の 51% を 15 億ドル（約 1,840 億円）で取得して子会社化したと発表した。2004 年から㈱ユー・エス・ジェイ CEO だったグレン・ガンペル氏は同月 12 日付で退社し、コムキャストグループのテーマパーク部門で財務戦略を担当していたジャン・ルイ・ボニエ氏が新CEO に就任した。株式はコムキャスト傘下の NBC ユニバーサルが、米金融大手ゴールドマン・サックス（GS）などの既存株主から取得した。GS は残りの株式は引き続き保有する[90]。

　新 CEO ジャン・ルイ・ボニエ氏の新パークへの姿勢がはっきりしていないことへの懸念があった。計画を主導する森岡氏は「早急に方向性を結論づけたい」とした[91]。

　このように会社の買収、支援者の知事の落選、カジノ法案廃案など、㈱ユー・エス・ジェイの沖縄進出に不利な展開が重なった。

[88] Livedoor NEWS「USJ、沖縄進出の裏の狙いはカジノ！早くも暗雲　カギ握る米軍基地移設と共倒れか（2015 年 4 月 22 日）」2016 年 4 月 20 日アクセス
http://news.livedoor.com/article/detail/10033471/
[89] 産経ニュース「「観光立国の実現の第一歩」高まる経済効果への期待」2020 年 10 月 3 日アクセス
https://www.sankei.com/smp/economy/news/161215/ecn1612150005-s1.html
[90] 産経 WEST「USJ のコムキャストへの売却完了　CEO にはボニエ氏就任　独自路線への影響注目（2015 年 11 月 13 日）」2016 年 4 月 20 日アクセス
http://www.sankei.com/west/news/151113/wst1511130084-n1.html
[91] 産経 WEST「USJ 沖縄新パークを左右するのは…普天間、交通インフラ、経営陣交代（2016 年 1 月 4 日）」2016 年 4 月 19 日アクセス
http://www.sankei.com/west/news/160104/wst1601040025-n1.htm

４．新テーマパーク投資額 600 億円の計画撤回

　2016 年 2 月、沖縄県での新テーマパーク計画について撤回を含め検討していると報道された。親会社の米コムキャストは大阪の USJ に集中投資する意向で、新テーマパークの採算性が専門家に疑問視されていることから、撤回に傾いたとみられた。㈱ユー・エス・ジェイは人気観光スポットの海洋博公園を中心に**新テーマパークを投資額 600 億円**規模で予定していた。コムキャストは巨額の投資に見合う集客が見込めないと判断したようだ。大阪の USJ では 2016 年 3 月に約 100 億円をかけた新型コースターが完成した。ボニエ新 CEO は会見で「USJ ではアトラクションやレストランなどに大型投資を続ける」と USJ に集中投資する意向を示した[92]。

　ガンペル前 CEO が 2015 年 7 月に沖縄県庁を訪れ、翁長雄志知事へ実現に協力を求めるなど地元との調整も進んでいた。しかし 2013 年 11 月にコムキャストが㈱ユー・エス・ジェイを買収し、新 CEO ボニエ氏は 2016 年 2 月、就任後初めての記者会見で沖縄の新パークについて「社内で議論、分析している」と言うにとどめた[93]。

５．発見事項と考察

　本章では、USJ の沖縄の新テーマパーク計画発表から撤回までの経緯を地域振興の視点で考察し、次の点を明らかにした。

　第 1 に、アメリカのユニバーサル社ではなく、大阪の㈱ユー・エス・ジェイが沖縄県の人気観光エリアに新テーマパークを計画していたものの、撤回された。その理由は**採算が取れない**と見られたことであった。

---

[92] 産経 WEST「「USJ 沖縄」撤回検討、採算取れぬと判断か　米の親会社、大阪で集中投資の意向（2016 年 2 月 18 日）」2016 年 4 月 20 日アクセス
http://www.sankei.com/west/news/160218/wst1602180096-n1.html
[93] 産経 WEST「USJ 沖縄新パーク、撤回を検討…巨額投資、採算見合わず（2016 年 2 月 18 日）」2016 年 4 月 19 日アクセス
http://www.sankei.com/west/news/160218/wst1602180040-n1.html

第2に、沖縄に新テーマパークを計画して沖縄県知事の支援を得るなど関係性構築していた頃に、県知事選挙が行われ、県知事が変わってしまった。**新知事が反対派**なことは事業撤退に関係しているだろう。川崎市に手塚治虫ワールド計画（第5章）があったが撤回された一因は、計画途中で市長選挙があり、推進していた市長が落選し、新市長が反対したことである。新市長は、市有地に一民間企業がテーマパークを建設することに反対した。市長や県知事など選挙で3〜4年で変わる人が推進しているプロジェクトは、このようなケースが多々あるだろう。

　第3に、㈱ユー・エス・ジェイのガンペル社長が、カジノ法案が成立したら大阪市で㈱ユー・エス・ジェイがカジノリゾートを経営したいと言ったら、橋本・大阪市長から「経営者と信頼関係がない。他の業者にやってほしい」と言われたことが判明した。カジノは利権の巣窟になるのだろう。

6．まとめ

　カジノは利益率が高い事業である。カジノの利益で他の事業の不採算をカバーできるはずである。カジノはテーブルに椅子を配置し、一人のスペースは椅子一つ分で、一テーブルに一従業員を着けるだけでよい。日本のパチンコのような開発費や著作権使用料は不要である。古くなっても長く使える。短時間で大金を負ける客も多いはずである。

　しかしカジノは社会的に認められにくい存在である。ギャンブル依存症や犯罪誘発など問題が多い。各国で政府規制が厳格である。日本でもカジノ法案に対する批判は多い。今後日本が本格的に観光立国を目指し、観光関連産業で生計を立てる人を増やすならば、カジノはキーファクターとなる。カジノを解禁してそれなりの経済効果を得たとしても、カジノ経営者に富が集中することは避けたい。ガンペル社長が大阪市でカジノリゾートを経営したい理由は分かる。誰だってカジノを経営したい。だからこそ激戦なのである。

そうこうしているうちに、㈱ユー・エス・ジェイはアメリカのコムキャストに買収された。世界のユニバーサル・スタジオを経営する企業は買収と売却を繰り返し、非常に複雑で分かりにくい。コムキャスト NBC ユニバーサルは巨大なメディア・コングロマリットである。テレビ、ケーブルテレビ、映画、テーマパーク、ホテルなどを経営する巨大企業である。ユニバーサル・スタジオ・シンガポール（US シンガポール）もカジノリゾートの一部であることを前著（2014）第 7 章に詳しく書いた。

　今後カジノは IR 経営になくてはならない存在になっていくだろう。すでに US シンガポールは、テーマパーク単体ではなく、カジノ、ホテル、レストラン街、ショッピングモール、映画館、プール、ビーチ、植物園、国際展示場、会議場などを擁する大規模なリゾートである。特に国際展示場、会議場にビジネスマンを集客し、ホテルに泊まってもらい、外食、買い物などをしてもらう。国際展示場や会議場は、集客力はあるが、利益率は低い。そこに利益率の高いカジノを併設するビジネスモデルである。

　US シンガポールの成功は世界的にカジノリゾートの収益性の高さを示し、理想的な観光業のビジネスモデルとなっている。

＜参考文献＞

● 　中島　恵（2014）『ユニバーサル・スタジオの国際展開戦略』三恵社

短編 1　北海道のカジノ誘致と計画断念

1．はじめに

　日本政府はカジノを含む統合型リゾート（IR：Integrated Resort）を日本に最大 3 ヶ所導入しようと法整備を進めている。カジノ法案を**統合型リゾート整備推進法案**といい、その正式名称は**特定複合観光施設区域の整備の推進に関する法律**[94]と言う。その要点は、①国際競争力ある魅力的な IR を作り国内外から観光客を呼びこむ、②IR の収益で財政難を改善し、観光および地域経済の振興をはかる、③カジノを含むので許可を得た民間企業が適切に管理する必要がある、ということである。

　カジノは利益率が高い。だから参入したい企業が多い。壮絶な激戦である。日本政府が国内 3 ヶ所に限り IR を許可すると発表したら、誘致合戦が盛んになった。特に北海道苫小牧市にアメリカの大手 2 社が 4,000 億円を超える投資を発表して話題になった。

　IR はカジノ、ホテル、ショッピングモール、レストラン街、テーマパーク、プール、映画館、国際展示場、会議場などを併設し、滞在型リゾートを目指すというビジネスモデルである。テーマパークが併設されるため筆者は IR も研究対象としている。

　本編では、アメリカの大手 2 社の苫小牧への IR 設立発表と、北海道の IR 誘致断念の経緯を考察する。大手 2 社とは、ハードロックカフェとモヒガン・ゲーミングである。

---

[94] 衆議院「特定複合観光施設区域の整備の推進に関する法律案」2020 年 10 月 3 日アクセス
http://www.shugiin.go.jp/internet/itdb_gian.nsf/html/gian/honbun/houan/g18301029.htm

２．アメリカの大手２社の進出表明

ハードロックカフェが苫小牧に 5,500 億円投資を発表

　2019 年 5 月、米娯楽企業ハードロック・インターナショナルのジェームズ・アレン会長は北海道**苫小牧**市で開業を目指すカジノを含む IR に 50 億ドル（**約 5,500 億円**）超を投じると発表した。この頃、IR をめぐって、日本政府の基本方針の公表が遅れる見通しとなり、早期の実現には不透明感が漂っていた。アレン会長は北海道での集客に自信を見せ、カジノ開業に強い意欲を示した。施設での**直接雇用 4,000 人**超となり、取引業者なども含め 1 万人を超える雇用創出効果があると、地元への貢献をアピールした。IR をめぐっては最大 3 ヶ所の枠をめぐり自治体が誘致合戦を繰り広げていた。アレン会長は同社が選定されれば 2022～2023 年に開業したいと言う。アレン会長は、観光地として知名度が高い北海道は国内外から人を呼び込むのに適した場所だと言う[95]。

米モヒガン・ゲーミングが苫小牧に約 4,000 億円投資を発表

　2019 年 6 月、米カジノ大手モヒガン・ゲーミング・エンターテインメント（MGE）は、苫小牧市でカジノを含む IR 事業の構想案を発表した。投資額は 35～45 億ドル（約 **3,800 億～約 4,900 億円**）で、**5,000～7,000 人を直接雇用**する。誘致を目指す自治体は事業者を選定し、整備計画をまとめた上で、国に認定を申請する。北海道は誘致の是非について検討していた。MGE が構想する IR は「インスパイア・エンターテイメント・リゾート北海道」で、ホテル 3 棟、会議場、アリーナなどを森に溶け込むように配置し、乗馬やクロスカントリースキー、農業などの自然体験が楽しめるエリアを設ける。同社は北米の先住民族であるモヒガン族が 1996 年

---

[95] 時事通信「北海道に 5500 億円超投資＝カジノ開業に意欲－米ハードロック会長」（2019 年 05 月 23 日）2019 年 8 月 25 日アクセス
https://www.jiji.com/jc/article?k=2019052200640&g=eco&utm_source=jijicom
&utm_medium=referral&utm_campaign=jijicom_auto_aja

に創業し、米国とカナダでIRを展開し、アジアへ事業拡大を進めていた。苫小牧では、新法で「先住民族」と明記されたアイヌとモヒガンの両文化を紹介する博物館を開設したい考えであった[96]。

北海道知事が誘致見送り、経済界は落胆

　2019年11月、北海道の鈴木直道知事は道議会本会議でカジノを含むIRの誘致申請を見送ると表明した。北海道の試算で開業時の投資額が2,800億〜3,800億円に達するなど、北海道内の経済活性化の起爆材として期待された。2021年7月までの国への申請を断念したことで、北海道の成長シナリオも再考を迫られた。鈴木知事は「熟慮の結果、IR誘致に挑戦したいとの思いに至った」「候補地は希少な動植物が生息する可能性が高く、区域認定までの限られた期間で環境への適切な配慮を行うことは不可能」と言う。北海道は道内でIR誘致に名乗りを上げた3地域のうち、新千歳空港（千歳市）に近く広大な用地を確保でき、最も大きな経済効果が見込めると判断したので、苫小牧を優先候補地に選んだ。その上で誘致の是非を検討した。北海道は施設全体の年間売上高を1,560億円と試算した。苫小牧市議会や道内経済団体が誘致を求める決議や宣言を相次いで知事に突きつけた。鈴木知事は足場を固めきれなかった。最大会派の自民党・道民会議も意見を集約できず、誘致を表明しても議会で可決できるかが不透明であった。2〜3年はかかる環境影響評価（アセスメント）も手つかずで、申請期間に終わらないと懸念された。道民向け意識調査でも不安視する意見が多く、申請の見送りに追い込まれた。経済界は落胆した。北海道経済連合会の真弓明彦会長は「北海道経済への様々な波及効果を考えると、大きな痛手」と言う。苫小牧商工会議所の宮本知治会頭らは

[96] 時事通信「北海道に4900億円投資＝米カジノ大手がIR構想」（2019年06月29日）2019/08/25アクセス
https://www.jiji.com/jc/article?k=2019062900270&g=eco&utm_source=jijicom&utm_medium=referral&utm_campaign=jijicom_auto_aja

「議会の政争の道具にされた」と言う。北海道庁の姿勢にも「前向きな気概を感じることができなかった」と言う。国が求める 2021 年 1〜7 月の申請に応じた地域のうち、認められるのは最大 3 ヶ所である。訪日外国人受入実績や地域バランスからも、北海道は有力候補と目されていた。自民党・道民会議内で推進派だった藤沢澄雄道議会議員は「挑戦するなら今で、（知事の判断は）話にならない。IR 事業者は逃げていく」と無念さをにじませた。鈴木知事は、誘致見送りは断念ではないと言う。誘致見送り表明時の文言には「来るべき時には挑戦できるよう、所要の準備をしっかりと進める」と盛り込んだ。IR は当面国内で 3 ヶ所を上限とするが、最初の区域認定から 7 年後に見直すとしている。仮に 2021 年に選べば、28 年に再チャンスが到来する可能性は残る[97]。

３．発見事項と考察

　本編では、アメリカの大手 2 社の苫小牧への IR 設立発表と、北海道の IR 誘致断念の経緯を考察し、次の点を明らかにした。

　第 1 に、全国で最大 3 ヶ所の IR が設立されるため、自治体で誘致合戦が始まった。その 3 ヶ所には、**訪日外国人受入実績と地域バランス**があるので、北海道は最有力候補であった。しかし短期間での環境影響評価（アセスメント）が間に合わなかった。それ以外にも、道民意識調査で不安視する声が多かった。経済界は落胆した。各党の思惑と利害関係が交錯し、**政治利用**されたとの批判もあった。短期間の騒動であった。札幌一極集中から抜け出せるチャンスであった。次のチャンスは 2028 年に来るはずなので、ここまでに準備できていれば、選ばれる可能性がある。

　第 2 に、カジノリゾートは派手な存在である。苫小牧に突如カジノリゾートが出現したら、そこだけ異質な街となるだろう。例えると、1973

[97] 日本経済新聞社「北海道が IR の誘致見送り、成長シナリオに暗雲（2019/11/29）2020 年 10 月 3 日アクセス
https://www.nikkei.com/article/DGXMZO52790610Z21C19A1L41000/

年に筑波大学が開学した時、自然豊かなつくば市に突然近代的なビルの大学の街が出現した。そこだけ異質な街となった。ラスベガスのようなネオンにせず、自然と一体化させるとしても、カジノリゾートは存在自体が派手である。北海道でなじめるのだろうか。治安や依存症の怖さもある。

４．まとめ

　北海道経済と言えば、伝統的に農業、漁業、畜産業、炭鉱、そして観光業である。炭鉱は昭和30年代にエネルギー革命が起こり、石炭から石油に取って代わられた。農業、漁業、畜産業は横ばいが続くと思われる。そこで登場したのが観光業である。観光業で地域活性化してほしい。是非次回はカジノリゾートを北海道に設立し、札幌一極集中から抜け出して欲しいと思う。

第5章　手塚治虫ワールド計画中止と川崎市

1．はじめに

　テーマパーク計画がマスコミ発表後に計画中止されることは世界的に多く見られる。日本での大規模な計画中止案件は手塚治虫ワールドである。約80の自治体が地域振興のために手塚治虫ワールドを誘致した。この企画から中止に至る経緯を考察することで、テーマパーク事業による地域振興が分かる。

　本章では、手塚治虫ワールドの企画から自治体による誘致合戦、計画中止の経緯を考察する。

2．手塚プロダクションの概要と手塚治虫の歴史

　㈱手塚プロダクション[98]（以降、手塚プロ）は1968年設立、資本金2,000万円、所在地、東京都新宿区高田馬場、代表取締役、松谷孝征氏、取締役、手塚悦子氏、手塚眞氏、葛西健造氏である。手塚悦子氏は手塚治虫氏の妻、手塚眞氏は長男である。同社の組織構造は、著作権事業局に営業一部（広告、商品化）、営業二部（映像、イベント、流通・ショップライセンス）、営業三部（インターネット、モバイル、他）、クリエイティブ部（企画、デザイン）、出版局に出版部（出版、出版開発）、資料部、製作局（映像制作）に制作部、演出部、作画部、システム部、経理部、総務部、宝塚事務所、手塚治虫ファンクラブ、北京写楽美術芸術品有限公司（中国）である。

　手塚治虫氏の人物史および手塚プロダクションの変遷[99]は次のようになっている。

---

[98] 株式会社手塚プロダクション公式HP「会社概要・組織図」2013年7月22日アクセス　http://tezukaosamu.net/jp/productions/trans.html
[99] 株式会社手塚プロダクション公式HP「手塚治虫と手塚プロダクションの変遷」2013年7月22日アクセス　http://tezukaosamu.net/jp/productions/org.html

手塚治虫氏は1928年11月3日、大阪府豊能郡豊中町（現豊中市）で、手塚粲、文子の長男として生まれ、治と命名される。1933年、兵庫県川辺郡小浜村（現宝塚市）に引っ越す。1939年、本名の治に虫をつけて手塚治虫というペンネームにする。1945年、大阪大学医学専門部入学、1946年、デビュー作の「マアチャンの日記帳」の連載が『少国民新聞』（のち毎日小学生新聞）関西版で始まる。1950年、学童社の加藤謙一氏と出会い、「ジャングル大帝」を『漫画少年』に連載開始、1951年、「アトム大使」を『少年』に連載、1952年から脇役だったアトムが主人公となり、「鉄腕アトム」として長期連載されることになる。

　1953年、都内豊島区椎名町のトキワ荘へ引っ越す。「リボンの騎士」を『少女クラブ』に連載開始、1958年、「びいこちゃん」「漫画生物学」で小学館漫画賞受賞、1961年、医学博士の学位を取得、手塚治虫プロダクション動画部を設立した。1963年、国産初の連続テレビアニメーション「鉄腕アトム」がフジテレビで放送開始、高視聴率を上げた。「鉄腕アトム」を「アストロボーイ」というタイトルでアメリカNBCテレビが放映、「ある街角の物語」で芸術祭奨励賞、毎日映画コンクール大藤信郎賞、ブルーリボン教育映画賞を受賞した。1966年、「ジャングル大帝」でテレビ記者会賞特別賞を受賞した。虫プロ商事発足、雑誌『COM』創刊、「火の鳥」連載開始した。1968年、漫画制作のため㈱手塚プロダクション設立、「火の鳥」「ブッダ」「ブラック・ジャック」「三つ目がとおる」「アドルフに告ぐ」などを連載し、様々な賞を受賞した。国連本部、全米の大学で現代日本のマンガ文化について講演した。

　ここから手塚治虫氏の死後の手塚プロの沿革である。

　1990年、日本漫画家協会賞文部大臣賞受賞、国立近代美術館で「手塚治虫展」開催、「三つ目がとおる」をテレビ東京系で放送開始した。1991年、手塚アニメ一挙上映の「手塚治虫劇場」開幕、1994年、宝塚市立「手塚治虫記念館」開業、1996年、「ブラック・ジャック」松竹系公開、公

式 HP「Tezuka Osamu World」開設、1997 年、「北京写楽スタジオ」開業、「ジャングル大帝」松竹系公開など、様々なメディアで放送された。

3．手塚治虫ワールドの企画から計画中止までの過程
第 3 セクター方式を目指し誘致活動

　1996 年 3 月、**手塚プロダクション、電通、鹿島**の三社は首都圏での大型テーマパーク建設に向け研究会を設けた。1 年程度かけ建設地や娯楽施設の詳細を詰め、2003 年の開業を目指し、総事業費 2,000 億円超のプロジェクトになる企画であった。手塚治虫ワールドは面積 50 ヘクタール(ha)程度の敷地に、公園など自然を生かした施設とバーチャルリアリティ空間などハイテク娯楽施設を併存、関東の一都六県を主な対象に交通機関や情報通信インフラの整備状況を勘案していた。研究会関係者の一部から臨海副都心の未利用地を活用する案も浮上し、研究会は順次参加企業を増やし、早ければ 1998 年に企画会社に移行、2000 年着工を目指していた。自治体からの出資を受け入れ、第 3 セクター方式を検討、初年度入場者数約 1,000 万人を見込んでいた。手塚治虫はキャラクターを 1,000 点以上創作し、50 数ヶ国でアニメが放映されていたため、東南アジア諸国も含む国際的に集客力あるテーマパークを目指した[100]。

　1996 年 11 月、手塚治虫ワールドの実現に向け、手塚プロ、電通、鹿島の三社で組織する「手塚治虫ワールド研究会」は、企画開発会社として1997 年 5 月に法人化する方針で合意した。同研究会では候補地を横浜、宇都宮など関東地方の 10 ヶ所に絞り込む作業も進んできたことから、法人化によって開業目標の 2003 年に向け事業具体化の段階に入った。手塚治虫ワールドの事業主体は進出先の**自治体との第 3 セクター方式**を予定していたので、自治体との交渉具体化に向け法人格を取得する必要があった。同研究会は鉄腕アトムの生誕年の 2003 年開業を目指し、建設スケ

[100] 1996/03/28 日本経済新聞　朝刊 15 頁「首都圏にテーマパーク、手塚アニメの世界で遊ぼう——手塚プロ・電通・鹿島が研究会。」

ジュールから逆算して 1997 年 5〜6 月には法人に移行する必要があると判断し、資本金や株主構成、出資比率など詳細を決める。同研究会には**約80 の自治体から誘致**の申し出があったが、集客性が高く自治体も誘致に熱心な横浜や、まとまった用地取得の可能性が高い宇都宮など 10 ヶ所に最近候補地を絞り込んだ。当初候補地に挙がっていた臨海副都心は含まれなかった。立地条件や用地の取得可能性、自治体の受け入れ姿勢などを条件に検討を進め、会社設立と合わせて自治体との進出交渉を本格化し、関東地方での開業を目指した。敷地面積 30ha から最大 80ha の敷地にアトムやジャングル大帝など手塚作品を生かした娯楽施設やパビリオン、TV 局、図書館などを整備する計画で、総事業費 2,000〜3,000 億円、初年度 1,000 万人の入場を見込み、用地の規模や立地に合わせ、同研究会は 3 パターンの基本構想をまとめた[101]。

　一方、神奈川県の岡崎洋知事は 1997 年 1 月の年頭記者会見で、産業空洞化が進む京浜臨海部に手塚治虫ワールドを誘致する考えを明らかにした。1996 年に手塚プロから神奈川進出の打診があったのを受け、神奈川県が京浜臨海部の再生に生かしたい考えを伝えた。岡崎知事は「自然を壊さない街づくりをしていくという構想に好感を持った。臨海部第一層の総合的な再生、開発に役立てたい」と、手塚治虫ワールドを京浜臨海部再編・整備の起爆剤にする考えであった[102]。

　1997 年 2 月、手塚治虫ワールド研究会は建設候補地として国内 10 ヶ所を最終検討先にしたと発表した。用地選定や事業計画設定などに時間がかかっていた[103]。

---

[101] 1996/11/14 日経流通新聞 17 頁「手塚治虫ワールド研究会、来年 5 月にも法人化——候補地横浜など 10 カ所に。」
[102] 1997/01/08 日本経済新聞　地方経済面 神奈川 26 頁「「手塚ワールド」誘致へ、京浜臨海部、神奈川県知事が表明。」
[103] 1997/02/13 日本経済新聞　朝刊 15 頁「手塚ワールド、10 候補地に。」

つくば市と土浦市の誘致活動

　藤沢順一・つくば市長は 1997 年 5 月の記者会見で、手塚治虫ワールドをつくば市内に誘致する意向を手塚プロに正式に伝える考えを明らかにした。藤沢市長は将来の常磐新線（現・つくばエクスプレス線）の経営にもプラスになる地域活性化策として当選直後から誘致に意欲を示し、市企画部に担当者を置いた。候補地は常磐新線沿線開発地域の葛城地区を想定していたが、土浦市と共同で両市にまたがる宍塚大池周辺地区に誘致する含みを残した[104]。

　そして藤沢市長は手塚プロを訪ね、手塚治虫ワールドをつくば市に誘致する意向を伝えた。つくば市には日本を代表する研究機関が集まっている。常磐新線の計画もあり、手塚治虫ワールドにふさわしいと述べた[105]。

　一方、助川弘之・土浦市長は定例会見で手塚治虫ワールドの誘致に関して、「手塚プロの事業計画が固まっていないこともあり、情報収集を進めつつ推移を見守りたい」「つくば市と隣接する宍塚大池周辺は立地場所として悪くない」「計画にまだ具体性がない」として当面実質的な誘致活動はしない考えを示した[106]。

　当時誘致に関して、**茨城県とつくば市の調整が進んでおらず**、建設地の自治体に資金面の負担が発生する可能性もあった。藤沢市長は「今後は早急に市民のコンセンサスを得た上で全市的に誘致していきたい」と述べた[107]。

---

[104] 1997/05/13 日本経済新聞　地方経済面 茨城 41 頁「茨城・つくば市、文化で活性化、「手塚治虫ワールド」を誘致——常磐新線の沿線候補。」
[105] 1997/05/22 日本経済新聞　地方経済面 茨城 41 頁「手塚治虫ワールド、つくば市長誘致要望。」
[106] 1997/06/06 日本経済新聞　地方経済面 茨城 41 頁「土浦市長、手塚治虫ワールド当面「推移見守る」。」
[107] 1997/07/03 日経流通新聞 17 頁「アニメキャラで町おこし——「手塚治虫ワールド」誘致、つくば市、誘致活発化。」

神奈川県と川崎市の誘致活動

　1998年3月、川崎商工会議所（永井益治郎会頭）は岡崎・神奈川県知事と高橋・川崎市長に候補地選定が大詰めを迎えていた手塚治虫ワールドの川崎市招致に全力を尽くすよう要望した。同施設は手塚治虫氏が鉄腕アトムなど多くの作品を通じて訴えた「人間と生命、人間と自然、人間と科学の共生の実現」の世界を具体化する大型テーマパークで、候補地は川崎市とつくば市に絞られていた。川崎商議所は京浜臨海部の活性化のため、神奈川県や川崎市と協力し招致活動進めていた。一方、つくば市の手塚ワールド県誘致実行委員会も署名運動など誘致活動を強めていた[108]。

神奈川県川崎市に決定

　そして1998年5月、手塚治虫ワールドの建設候補地が川崎市浮島地区に決まった。誘致活動を展開してきた**神奈川県**、**川崎市**や**経済団体**は「暗い話題が多いなかで久々の朗報」と永井益治郎・川崎商工会議所会頭は歓迎していた。しかし2,000億円以上の事業費を神奈川県や川崎市がどこまで負担するか、交通アクセスをどうするか、など課題は多かった。手塚治虫ワールド研究会は浮島地区を候補地に決定した理由について、「緑の少ない埋め立て地で、あえて自然の必要性を訴えることが手塚治虫の思想・哲学に通じる」と、公害被害を受けた京浜臨海部の再生という夢のある事業にしたい考えであった。同研究会によると、候補地を5ヶ所に絞り、最終選考でつくば市と川崎市が残ったものの、つくば市は誘致に名乗りを上げた葛城地区で計画されていた常磐新線や都市区画整理事業の見通しが不透明だったため断念した。その後のスケジュールは基本構想策定に1年から1年半、次いで実施計画を作り、2003年開業を目指すとした。候補地選びを優先したため、テーマパークの内容、運営企業設立など事業計画のほとんどが未定で、用地買収など巨額の資金が必要なため、3

---

[108] 1998/03/05 日本経済新聞　地方経済面 神奈川 26頁「川崎商議所、「手塚治虫ワールド」、神奈川県と川崎市に招致要望。」

セクを検討していたが、自治体との交渉はまだであった。資金拠出を求められる川崎市はコンテナターミナルなど経営悪化した 3 セクを多数抱えており、どこまで協力できるか議会での討議が避けられなかった。同研究会は浮島地区の問題点として、**石油コンビナート地区に隣接**し、**防災**対策や候補地までの交通アクセスが未整備なことを挙げた。鉄道網は JR 東海道貨物支線の旅客線化を神奈川県と川崎市が国に働き掛けていたが、実現には時間がかかりそうであった。臨海部と川崎駅を結ぶ川崎縦貫高速道路は川崎市役所汚職事件の余波で用地買収が中断状態になっていた。交通アクセス問題は大きな障害で、手塚プロの松谷社長は「クリアできなければ計画断念もあり得る」と述べた[109]。

　手塚治虫ワールドの立地が川崎市に決まったことを受け、つくば市への誘致活動を進めてきたつくば市長は記者会見し、「大変残念だが、相手方の判断が最優先される案件だけに致し方ない」、また候補地としていた市内葛城地区など常磐新線沿線の土地利用計画については「今後も民間施設の誘致などを検討したい」と述べた。一方、橋本昌知事は定例会見で「つくばが適当な場所と考えていた」「事業主体や資金計画がはっきり見えていなかった」「残念ではあるが事業が成功してくれればと思う」と述べた[110]。

総事業費 2,000 億円で第 3 セクター方式希望

　1998 年 5 月の時点で手塚治虫ワールドの概要は、テーマ「文化と自然の豊かな調和」、神奈川県川崎市浮島地区、敷地面積約 40〜50ha、手塚治虫氏の作品のストーリー性を楽しめるエンターテインメント施設、事

---

[109] 1998/05/08 日本経済新聞　地方経済面　神奈川 26 頁「「手塚ワールド」川崎に決定、事業費負担など課題——運営母体、3 セク方式検討。」
[110] 1998/05/08 日本経済新聞　地方経済面　茨城 41 頁「手塚ワールド、川崎に立地——茨城県知事「計画不明確」、つくば市長「民間誘致」。」

業費 2,000 億円以上、鉄腕アトムの誕生した 2003 年を開業目標、年間来場者数 1,000 万人以上、事業主体に 3 セクを検討していた[111]。

　川崎市の高橋清市長は 1998 年 5 月の記者会見で、手塚治虫ワールドの事業主体として 3 セクが検討されていることなどについて、「候補地として内定しただけで事業計画も含め何も決まっていない」と述べた。進出決定の会見では手塚漫画のキャラクターのネクタイを締めるなど冗舌だったが、候補地決定過程に議会の一部から反発する声もあるため慎重発言に終始した。浮島地区はサッカー場建設計画が先に計画され議会が早期建設の請願を採択していたため、総務委員会で委員から「市民の財産である土地をなぜ他人が勝手に候補地などと決めるんだ」との発言があった。市長は「従来のテーマパークは計画が先にできていたが、手塚治虫ワールドは進出地の地域の声も入れて計画を作る新しい手法を採用すると聞いており、川崎市も京浜臨海部再生のためのいくつかの提案をする」「事業計画などは神奈川県、手塚治虫ワールド研究会と協議して決めたい」と述べた[112]。

　手塚治虫ワールド研究会は候補地の発表の際、「地元にも出資をお願いし、事業主体は 3 セクで設立したい」との意向を打ち出したものの、出資を求められた川崎市は積極的に応じられなかった。手塚治虫ワールドは川崎市にとって地域浮揚の起爆剤との期待が大きかった。しかし地域振興の切り札とされた各地のテーマパークが結果的に地元に大きな傷を残して閉園するケースが目立っていた。経営が悪化した 3 セクを数多く抱える川崎市がどこまで協力するか決めかねていた[113]。

[111] 1998/05/08 日本経済新聞　地方経済面　神奈川 26 頁「手塚治虫ワールドの概要。」
[112] 1998/05/19 日本経済新聞　地方経済面　神奈川 26 頁「手塚ワールド、川崎市長「候補地決まっただけ」——議会反発、慎重姿勢に。」
[113] 1998/08/20 日経流通新聞 23 頁「解剖テーマパーク（14）生き残り競争本格化——高い魅力維持がカギ（終）」

川崎市の盛り上がりとアンケート調査

　1998 年 6 月、川崎商工会議所（永井益治郎会頭）は手塚治虫ワールド
の歓迎ムードを盛り上げ、実現を目指すため、商店街などと「手塚ワール
ド連絡会」を発足させた。川崎中央商店街連合会、川崎駅前商店街連合会、
さいか屋、岡田屋モアーズなど大型店が加盟する駅前七店会、JR と京浜
急行が加盟した。各商店街などでは中元商戦に合わせ手塚漫画のキャラ
クターをデザインした「歓迎　手塚ワールドを実現しよう」の横断幕など
を掲げた[114]。

　駅前商店街は 1998 年 6 月に歓迎の垂れ幕を掲げたが、著作権の問題で
手塚漫画のキャラクターが使えなかった。しかし翌 7 月は商議所が手塚
プロから使用権を得たため、のぼりなどに趣向を凝らした。川崎市は多摩
川河川敷で開催する「市制記念・多摩川花火大会」に鉄腕アトムが夜空に
浮かぶ特別大仕掛け花火を提供した[115]。

　手塚治虫ワールドの建設候補地が川崎市に決定したことについて、地
元市民の 75% 程度は「歓迎する」と好意的に受け止めていることが 1998
年 5 月、川崎信用金庫のアンケートで分かった。アンケートは市内にあ
る同信金店舗への来店客計 340 人を対象に実施、323 人が回答した。候
補地決定について「歓迎する」と答えたのは 75.2%、「歓迎できない」
は 1.9%、「何とも思わない」は 21.0% だった。年齢別では「鉄腕アトム」
で育った 40 代の 80.0% を最高に、60 歳以上、20 代、50 代、30 代の順
で歓迎する人が 70% 超、10 代は 50% であった。「鉄腕アトム」「ジャン
グル大帝」「火の鳥」などの作品について「良く知っている」と答えた 10
代は 25.0% と、集客のポイントになる子どもの認知度はいまひとつだっ
た。「誘致された場合の効果」は「子どもたちに夢を与える」（72.9%）、

---

[114] 1998/06/20 日本経済新聞　地方経済面 神奈川 26 頁「川崎商議所、手塚ワー
ルド実現へ、商店街などと連絡会。」
[115] 1998/07/25 日本経済新聞　地方経済面 神奈川 26 頁「川崎商議所と市、手塚
治虫ワールド、実現へイベント——地域ぐるみで機運盛り上げ。」

「川崎のイメージアップにつながる」（45.8％）、「臨海部がレジャー基地に生まれ変わる」「産業の活性化につながる」などが上位を占めた。「渋滞などで環境が悪化する」とマイナス意見も9.7％あった[116]。

　神奈川県は1999年11月、「手塚治虫ワールドかわさき」についてのアンケート調査結果を発表した。神奈川県主催で5日間、川崎市内で開いた「手塚治虫の世界展」の来場者を対象に実施した調査で、回答した2,110人のうち、50.8％が「ぜひ行きたい」、24.2％が「多分行くと思う」と答えた。手塚治虫ワールド開設の効果や影響について複数回答で聞いたところ、「川崎のイメージ向上になる」が47.9％で最も多く、「地域経済の活性化につながる」（20.9％）、「集客により川崎に活気が出る」（18.4％）などが続いた[117]。

手塚プロダクションの動向

　他方、手塚プロは手塚治虫ワールド推進室を1998年8月に開設した。推進室は川崎に近いJR品川駅前の京急第五ビル内に設置し、事業内容の検討、資金問題など基本計画策定にあたり、アミューズメント施設のソフト開発の拠点にもした[118]。

　東京・外神田の「手塚治虫ワールドショップ」は手塚治虫作品関連のグッズを扱う店で、1998年8月から9月下旬までの期間限定で営業した。店舗はビルの地階から3階までの4フロアで、1階はイベント用で、それ以外のフロアで「鉄腕アトム」「ジャングル大帝」など人気作品のキャラクターを題材にした人形や文具、日用雑貨など3,000種類の商品を陳列した。人気はアトムの等身大（身長135センチ）のぬいぐるみ（7万

---

[116] 1998/05/16 日本経済新聞　地方経済面 神奈川 26頁「手塚ワールドの川崎誘致、市民の75％「歓迎する」――川崎信金がアンケート。」
[117] 1999/11/26 日本経済新聞　地方経済面 神奈川 26頁「「手塚治虫ワールド」、半数「ぜひ行きたい」――神奈川県が展覧会で調査。」
[118] 1998/08/19 日経産業新聞 18頁「手塚プロ、「手塚治虫ワールド」、24日に推進室を開設。」

円）で、受注販売で FRP（繊維強化プラスチック）製アトム人形（身長
1メートル、45万円）もあった[119]。

　また1999年5月、東京・西新宿の東京オペラシティ地下1階に、ミニ
テーマパーク風の物販施設「手塚治虫ワールド・エンターテイメントスク
エア」を開業し、手塚治虫氏の作品に登場するキャラクターの商品を販売、
同社にとって初めての直営店舗の出店となった。販売するキャラクター
商品は3,000品目以上で、デザイナー大矢寛朗氏の手による「Astro Boy
by Ohya」ブランドの衣料、玩具、雑貨などを取り扱った。延床面積約600
㎡の店内は、物販の中核となる「セントラルスクエア」、鉄腕アトムの世
界をイメージした「アトムシティ」、昭和30年代頃の面影を残す「手塚
横丁」の3つからなる。手塚氏の生原稿を週替りで展示し、アトムの家や
手塚氏が創作活動の場としたトキワ荘を再現するなどの趣向を凝らし、
レトロ調の喫茶店、持ち帰り専用の飲食店も併設した。一日あたり約800
人の入場者を見込み、年間売上高6億円を目指す。さらに同様の物販施
設をフランチャイズ方式で30店舗程度展開する計画であった[120]。

第3セクターから民間事業に変更

　1999年5月、手塚プロ、神奈川県、川崎市は手塚治虫ワールドを民間
主体で事業化する方針を固めた。これを受け手塚プロは具体化に向けた
構想を発表、企画会社設立へ向け参加企業を募った。全国で地域開発やリ
ゾート分野の3セクの経営難が問題視される中、財政難に直面する県、
市は大型テーマパークに資金面で積極協力するのは難しいと判断した。
その代わり、川崎市は予定地の市有地を低料金で事業主体に賃貸、神奈川
県は周辺の緑地や交通網整備などで支援する方針であった。当面民間企
業で事業化を図るが、版権管理などを主力とする手塚プロダクションは

---

[119] 1998/08/01 日経流通新聞 11頁「手塚治虫作品のグッズ（気になる商品）」
[120] 1999/05/13 日経流通新聞 14頁「手塚プロダクション、直営でキャラクター
販売——東京・西新宿に出店。」

企業体力、資金力が大幅に不足していた。そのため他社の参加を募り事業計画を詰める企画会社を作り、手塚治虫ワールド建設・運営を担う事業主体に移行する計画であった。最終的に神奈川県、川崎市が事業主体会社に低い比率で出資する可能性はあると見られていた。景気低迷下で事業主体設立にこぎつけるまでには紆余曲折が予想された。鉄腕アトムが生まれた 2003 年 4 月を予定していた開業予定時期は、早くても 2006〜2007 年にずれ込む見通しであった。神奈川県や川崎市は行政手続きなどを迅速に進め、早期開業を支援する考えであった。このため関係者は 2003 年にプレイベントを検討していた[121]。

　手塚プロはプロジェクトファイナンス（不動産を担保にせず事業採算を判断基準とする融資制度）を活用し民間主体で事業化する方針にした。記者会見で同社の松谷社長は「数ヶ月後に企画会社を発足したい」と発表した。資金調達方法について「プロジェクトファイナンスを採用できないか、投資会社や金融機関と詰めている」、しかし「2〜3 社に打診しているが具体名は明らかにできない」と説明した。企画会社は将来の事業主体への移行をにらんだ事業化第一歩だが、手塚プロ自体は参加しない。中核企業が現れるかが大きな焦点であった。プロジェクトファイナンスの手法は主に海外の油田開発や発電所建設に採用されていた。多くは協調融資の形態で、日本国内では定着しなかった。手塚ワールドは「年間 1,000 万人の来客を確保できた場合、収益率は 10％」と概算していた。しかし事業化の過程で採算性を厳しく問われた。神奈川県と川崎市は事業主体に対する低料金での土地レンタル、環境影響調査など行政手続きの迅速化や周辺整備での支援を検討する考えを明らかにした。地元が要望する東海道貨物支線の旅客との併用化などアクセス整備や、同施設を臨海部再生にどうつなげていくかが課題であった。高橋・川崎市長は「この経済情勢の中で事業主体確立など基本課題が残され厳しい状況ではあるが、

---

[121] 1999/05/14 日本経済新聞　地方経済面 神奈川 26 頁「手塚治虫ワールド、民間主体で事業化へ、神奈川県や川崎市——財政難で 3 セク困難。」

臨海部活性化の起爆剤と期待しており、県と連携し実現に協力していく」
とコメントした[122]。

準備会社設立

　手塚治虫ワールドの準備会社の資本金は 2,000 万円で、手塚プロが全
額出資し、本社は川崎市、社長は松谷氏、社員は 20 人前後になる予定で
あった。準備会社は手塚治虫ワールド事業への参加を希望する企業との
折衝に当たる。出資企業、アトラクションへの協賛企業、飲食や物販など
の出店企業を集め、1999 年秋までに事業計画の大枠を決める計画であっ
た。一方、事業計画を策定するための外部資本による企画会社を 1999 年
秋に発足し、事業計画の詳細はこの企画会社に引き継ぐ方針であった[123]。

　そして 1999 年 8 月、手塚プロダクションは手塚治虫ワールド事業化に
向け、川崎市内に企画開発局（手塚治虫ワールド推進本部）を設置した。
同施設の事業主体となる事業会社の設立に向け参画企業の誘致窓口とな
り、具体的なテーマパークの内容などを詰める。推進本部は幸区にある高
層ビル、ソリッドスクエア東館に開設した。これまでは東京都品川区の拠
点を中心に活動してきたが、建設計画地の川崎市内に機能を集約して計
画の実現を目指した[124]。

初期投資 1,788 億円、6,000 人の雇用創出

　2000 年 7 月、手塚プロは三菱商事など 9 社で事業主体設立へ向けた準
備組織を発足したと正式発表した。2001 年 3 月末までの時限組織とし、
早期の設立を目指すが、手塚プロは「事業主体の立ち上げ手法や資金調達

---

[122] 1999/05/18 日本経済新聞　地方経済面　神奈川 26 頁「プロジェクトファイナ
ンス、手塚ワールド、採用検討——「数ヶ月後に企画会社」。」
[123] 1999/06/24 日経流通新聞 22 頁「手塚プロ、2007 年開業の「手塚治虫ワール
ド」、準備会社を設立。」
[124] 1999/08/24 日本経済新聞　地方経済面　神奈川 26 頁「手塚治虫ワールド、企
業誘致の窓口に——川崎市内に推進本部。」

の手段はまだ白紙に近い」と言う。発足したのは「手塚治虫ワールドかわさき事業体設立準備機構」である。参加各社は資金やノウハウを持ち寄り、実際にテーマパークを企画・運営する事業主体を設立するための仕組みや資金調達手段を検討する。座長は下水処理設備管理を手掛ける泰成エンジニアリング（東京・新宿）の高橋久治社長で、事務局は川崎市内に開設した。準備機構には手塚プロ、三菱総合研究所、技術コンサルティング最大手の日本工営、通信工事の日本コムシス、環境アセスメントなどのコンサルティングの数理計画（東京・千代田）、地元から警備業務の高千穂産業（川崎市）と東西興業（横浜市）が参加した。まずメンバーから集めた 2.4 億円前後の資金をもとに活動した。準備機構は既に作成したテーマパークの基本計画の事業性を改めて検証、事業主体の核となる企業の誘致や参加を要請し、資金調達手法の検討も進める[125]。

　手塚プロの計画によると「手塚治虫ワールドかわさき」は、面積 38 万㎡と TDL の約半分、鉄腕アトムやジャングル大帝などを使った 42 のアトラクション、24 の物販施設、21 の飲食施設などから構成され、**初期投資額 1,788 億円**、客単価は 9,650 円、初年度来園者数は 800 万人を見込み、用地は川崎市から借り受ける計画であった[126]。

　岡崎県知事は「手塚治虫ワールドかわさき」で**約 6,000 人の新規雇用**が可能とした[127]。

神奈川県と川崎市の思惑の不一致

　2000 年 7 月、準備組織発足を機に神奈川県と川崎市の担当者は、鉄道交通網整備など同施設実現の支援策を検討する会議を開いた。川崎市は

---

[125] 2000/07/18 日本経済新聞　地方経済面 神奈川 26 頁「手塚プロ、「手塚治虫ワールド」、準備組織を発表——事業主体設立めざす。」
[126] 2000/07/20 日経流通新聞 4 頁「手塚治虫ワールド、準備組織を設立、三菱商事など 9 社が参加。」
[127] 1999/12/08 日本経済新聞　地方経済面 神奈川 26 頁「岡崎神奈川県知事、京浜臨海部に新施設誕生、雇用創出 2000 人見込む。」

埋立地 38ha を貸与することを決めており、神奈川県もできることを検討し始めた。しかし神奈川県幹部は「準備組織はあくまで孵卵器。（事業主体となる）卵そのものとは見ていない」という。関係者は「組織が事業主体となるより、新たに中核企業を呼び込む可能性が高い」と見ていた。準備組織への企業参加には岡崎県知事ら県首脳がかなり働きかけたと言われた。「中核にならない前提で参加した」と「おつき合い」をにおわす企業さえあった。手塚治虫ワールド構想は京浜臨海部の地盤沈下に頭を悩ます神奈川県と川崎市にとっても魅力だった。しかし「計画の細部や事業主体づくりを見極めないまま、先に誘致ありきだった」と地元関係者は言う。一時は NKK 京浜製鉄所の土地も候補に挙がり、手塚プロなどは同社に事業参画まで期待していたが、交渉はまとまらなかった。一方、地元は必ずしも一枚岩ではない。川崎市は「手塚治虫ワールドは岡崎知事が持ち込んだ話。県のプロジェクト」との意識が強かった。予定地が羽田空港に近い交通の要衝だけに「頓挫したとしても、他の集客施設のポテンシャルは大きい」と本音が見えていた。川崎市は手塚プロに 1999 年度中に事業化のめどをつけるよう迫っていた。「とりあえず準備組織を見守るが、これで事業主体ができなければ仕切り直しということにならないのでは」とある幹部は言う。長期不況下で当該プロジェクトをリードできる資金、信用力のある中核企業を確保するのは容易ではなかった[128]。

市長が変わり計画見直し

2001 年 10 月、川崎市長選で初当選した無所属新人の阿部孝夫氏（58歳、法政大教授）は市内で会見し、臨海部再生へ向け国内外の環境関連産業立地を促進する「特別区」を設ける考えを示した。臨海部の市有地に予定される手塚治虫ワールドは「現行の事業内容では実現不可能」「なぜ臨

[128] 2000/07/29 日本経済新聞　地方経済面　神奈川 26 頁「京浜臨海部にテーマパーク、「手塚ワールド」実現へ視界不良（首都圏リポート）」

海部に建設し成功できるのか説明がつかない」と強調した。そして企画会社に事業内容の見直しを促した[129]。

　岡崎知事は記者会見で手塚治虫ワールドについて「防災拠点構想が具体化すれば、手塚ワールドの計画に影響を及ぼす」と再検討の可能性を示唆した。景気低迷によるテーマパークの閉鎖が相次ぐ中、「資金調達は非常に厳しい」と述べた。そして規模縮小や開業延期など計画修正を迫った。しかし、政府の都市再生本部が進める首都圏広域防災拠点整備の有力候補として浮島地区が浮上し、岡崎知事は具体化させたいと誘致に意欲的であった。神奈川県によると、浮島地区に決まれば、テーマパークとして使える用地は 10〜15ha に減る。防災拠点の候補地は 2001 年 12 月を目処に最終的に決まるため、神奈川県はその結果を踏まえて、川崎市や企画会社と再協議する考えであった[130]。

　川崎市の阿部・新市長は 2001 年 11 月、就任後初の記者会見を開き、当面の景気対策として環境関連産業の立地や商店街活性化のモデル事業を指定し、補助や税制優遇措置を適用する考えを示した。手塚治虫ワールドに対して「現行計画ではリピーターを確保できる魅力とアクセスが不十分」と改めて強調した[131]。

計画修正：商業施設の一部にテナントとして手塚治虫ワールド

　2001 年 12 月、手塚治虫ワールドについて、企画会社が構想を大幅修正した。地主の川崎市は修正後の施設がショッピングセンター（SC）を含む商業色が濃い物となることを懸念し、誘致の中心を担ってきた神奈川県は修正計画を現実的な対応と評価した。企画会社の手塚ワールド企

---

[129] 2001/10/23 日本経済新聞　地方経済面　神奈川 26 頁「次期川崎市長阿部氏が会見、臨海部再生へ「特別区」――環境産業の集積狙う。」
[130] 2001/10/24 日本経済新聞　地方経済面　神奈川 26 頁「手塚治虫ワールド、神奈川県知事、再検討を示唆――「資金調達非常に厳しい」。」
[131] 2001/11/21 日本経済新聞　地方経済面　神奈川 26 頁「川崎市長就任会見、環境企業誘致に税制優遇を検討。」

画は修正理由について、事業運営主体の中核企業探しや設備資金確保に目処が付かないことを挙げた。長引く消費不振で企業はアミューズメント事業に消極姿勢を強めていた。立地場所の浮島地区は政府の広域防災拠点の建設地にも選ばれ、2 つの計画の整合性が問題になっていた。構想の修正に伴い施設の仮称も「21 センチュリー・パーク・イン・カワサキ」と改め、「手塚治虫」の文字はサブタイトルに残るのみとなった。SC を誘致し、手塚作品以外のキャラクターも導入するなど手塚色が薄まることで、地主の川崎市の臨海部整備推進室は「土地を貸す前提だった公共性が継承されない場合、川崎市が引導を渡すこともあり得る」とした。企画会社と手塚プロから事情を聴き、修正計画の評価を 2002 年 1 月下旬の市議会総務委員会に報告する。一方、神奈川県の京浜臨海部対策課は修正計画について「2007 年度に一部施設を先行オープンさせることも視野に入れており、現実的な対応」と言う。あとは具体的な収益性を計算したいとした。川崎市は企画会社が運営企業選定などに目処を付ける期限を、防災拠点関連の概算要求がまとまる 2002 年 6〜7 月頃までと想定しており、県と市を含む駆け引きが活発になりそうであった[132]。

計画断念

　そして 2002 年 11 月、手塚治虫ワールド計画が白紙に戻った。会見で手塚ワールド企画の水越彰取締役は「長引く景気低迷という社会経済情勢にはあらがえなかった」と建設計画断念の理由を説明した。手塚ワールド企画は社名を川崎みらい企画に変更し、2002 年内を目処にコンテンツ制作を手がける事業会社、フューチャーアイランドを設立し、企画・運営の両面で事業を練り直す。新たな事業コンセプトは「ロボットをメーンキャラクターにしたエンターテインメント」とだけ説明した。手塚ワールドの準備会社である川崎みらい企画に出資していた地場企業など 8 社はそ

---

[132] 2001/12/29 日本経済新聞　地方経済面　神奈川 26 頁「手塚ワールド計画縮小　駆け引き活発に、川崎市、商業色を懸念、県は「現実的な対応」。」

のまま出資者にとどまるが、事業を進める上で不可欠な増資にどこまで応じるかは不透明であった。神奈川県の京浜臨海部対策課は「現在の経済情勢を考えると仕方がない。新会社に対しては事業が具体化してきた段階で、臨海部の活性化につながる事業であれば協力する」とした[133]。

岡崎知事は会見で「安定資金を調達できなかったことが要因」、誘致した神奈川県の責任については「誘致段階から 3 セクでなく民間主導でやることで会社も了解していた。神奈川県は若干調査などをしただけだ」と批判を退けた[134]。

4．計画中止後のアトム生誕イベント盛況

手塚治虫ワールドは実現しなかったが、2003 年 4 月前後にアトム生誕イベントが盛んであった。手塚プロによると、アトムのキャラクター商品の市場規模は 50 億円程度（2002 年）で、2003 年は 4 倍の 200 億円を見込んでいた。東京・お台場など全国各地で記念イベントも計画されていた。2003 年 4 月 7 日は鉄腕アトムの原作上での誕生日で、これを記念し新作のテレビアニメが放映され、アトムをモチーフにした商品の発売が相次いだ。「アトムの新作『アストロボーイ・鉄腕アトム』は、企画段階から世界中の子供から大人までを対象に想定したという点で、日本のアニメ史上初の作品」と制作したソニー・ピクチャーズエンタテインメント（SPE）の町田治之社長は述べた。英語版で制作され、まずアトム誕生年の 2003 年 1 月 1 日に CS 放送向けアニメ専門チャンネル「アニマックス」で日本語字幕を付けて先行放送された。誕生日の 4 月 7 日からは毎週 1 回、1 年間、フジテレビ系での放映が始まった。SPE は日米合同チームでアトムの劇場映画制作にも着手し、2004 年公開をめざしていた。

---

[133] 2002/11/06 日本経済新聞　地方経済面 神奈川 26 頁「手塚ワールド断念、長期不況、計画を直撃、事業主体・資金…、再出発、壁高く。」
[134] 2002/11/13 日本経済新聞　地方経済面 神奈川 26 頁「手塚ワールド誘致失敗、知事が責任否定。」

テレビ・映画は世界 100 ヶ国・地域以上で展開する。手塚プロは復活に合わせ商品化契約を結ぶ企業を全面的に見直し、約 70 社を厳選した。手塚プロの湯本裕幸チーフ・プロデューサーは「アトムの持つメッセージは物事を白黒はっきりさせるのではなく、なんとか共存させようとするところ。今はやりのコラボレーションの思想に通じる」という。採用する企業にも、アトムで語られる「世界平和」「家族愛」「夢」といったテーマは商品に付加価値を付ける格好の材料で、契約希望企業は引きも切らなかった[135]。

　手塚治虫が少年時代を過ごした兵庫県宝塚市を中心に関西では、誕生日を目前に企画展などイベントが盛り上がっていた。「宝塚市立手塚治虫記念館」は予想以上の人出であった。土日は親子連れを中心に約 2,000 人が訪れた。「親が子に楽しそうに物語の説明をする場面も多い」と村上淳一館長はコメントした。企画展は 6 月 24 日までの予定で、新作アニメの企画書やセル画などを展示した。宝塚市では記念館以外でもイベントが相次いだ[136]。

5．発見事項と考察

　本章では、手塚治虫ワールドの企画から自治体による誘致合戦、計画中止の経緯を考察し、次の点を明らかにした。

　第 1 に、鉄腕アトムの誕生日は 2003 年 4 月 7 日で、それに合わせて手塚プロが手塚治虫ワールドを企画したところ、約 80 の自治体から誘致の申し出があったことが明らかになった。当時既に「テーマパークを作れば東京ディズニーランドのようになる」という意識は薄れていたと思われる。テーマパークの赤字や経営破綻が相次いでいたからである。

---

[135] 2002/12/26 日経 MJ（流通新聞）　24 頁「2003 年 4 月 7 日生まれ、アトムブーム再び——三世代商品に期待。」
[136] 2003/03/19 日本経済新聞　大阪夕刊 かんさい 21　29 頁「4 月 7 日が誕生日、アトム、イベント花盛り——展示や映画上映（かんさい 21）」

第2に、誘致に関して、二大候補であったつくば市と川崎市で、県と市の思惑が一致しなかった。茨城県とつくば市の調整が進んでおらず、建設地の自治体に資金面の負担が発生する可能性から慎重であった。神奈川県と川崎市の思惑も一致しておらず、神奈川県は積極的、川崎市は消極的であった。誘致に成功後、川崎市長選挙で当選した新市長は手塚治虫ワールドに反対で、規模を大きく縮小することとなった。県知事や市長のように選挙で数年で変わる人が積極的に関与している場合、このようなことが起こる。また、川崎市に決定した後、川崎市長は「候補地として内定しただけで事業計画も含め何も決まっていない」と会見で述べた。誘致合戦に勝つことが目標になっていた可能性がある。

　第3に、財政難から3セクではなく、民間主体で事業化する方針に変更された。手塚プロが企画会社設立へ向け参加企業を募ったところ、三菱商事、三菱総合研究所、技術コンサルティング等の計9社が参加することとなった。資金調達のためにプロジェクトファイナンス（不動産を担保にせず事業採算を判断基準とする融資制度）を活用し民間主体で事業化しようとした。しかしプロジェクトファイナンスという手法は主に海外の油田開発や発電所建設に採用される。油田開発に比べるとテーマパーク事業の不確実性は高いため、資金調達できなかった。

　第4に、準備組織の企業参加には岡崎知事ら県首脳が働きかけたため、**中核にならないなら参加する企業**もあったことが明らかになった。他人に苦労させ、その上に乗ろうするとする人は多い。そういう人に乗られないよう気をつける必要がある。例えるならば、オリエンタルランドが経営するTDRを建設する建設業者、消耗品の納品業者などになりたかったのではないか。または資本金の一部を出資して株主に名を連ねたかったのではないか。

　第5に、神奈川県は積極的で、地主である川崎市は消極的であった。その後、市長が変わり、神奈川県と川崎市の考えが対立して計画見直しとなった。その理由は、①自治体の財政難、②平成不況とレジャー離れ、③3

セク施設の不調報道、④中核企業の不在、⑤資金調達力不足、⑥同一エリアが政府の広域防災拠点に選ばれたことであった。2001年に大きく計画修正し、ショッピングセンターを含む商業施設となり、その一部が手塚治虫ワールドとなった。施設名は「21センチュリー・パーク・イン・カワサキ」で、「手塚治虫」の文字はサブタイトルとなった。市有地なので施設の公共性が重視され、商業色の強い修正計画に否定的であった。

第6に、手塚プロにとってテーマパーク事業は実際にテーマパークを経営するのではない。著作権者としてテーマパークを経営する権利を与え、ロイヤルティ収入を得るビジネスモデルを希望していた。手塚プロ自体は手塚治虫ワールド事業に参加しないため、中核企業が現れるかが大きな焦点となった。これは米ディズニー社とオリエンタルランドの関係に似ている。オリエンタルランドは米ディズニー社にライセンス使用料を年間200億円以上支払う。米ディズニー社は低リスクで安定収入を得られる。さらに1990年代後半から大盛況のディズニーストアの影響か、手塚キャラクター商品の専門販売店をフランチャイズで広げる計画があった。これも低リスクなフランチャイズ方式を検討していた。

6．まとめ

価値ある資源を有する手塚プロならば、他社にテーマパーク事業を任せてロイヤルティ収入を得るディズニー社の立場になりたいのは理解できる。しかしウォルト・ディズニーに比べて、テーマパーク事業に対する情熱や意欲が弱いと感じられる。ウォルト・ディズニーは第二次世界大戦後の人生をテーマパーク設立に懸けた。もし筆者の父が手塚治虫だったら、父のテーマパークを作りたい。ウォルト・ディズニーのようにキャラクター事業を発展させたい。

テーマパーク経営は開業後に始まると思うかもしれないが、実は開業前の準備こそ非常に重要である。この事例からテーマパーク計画中止の理由の一例が明らかになった。テーマパーク開業は非常に難しい。チェー

ン店の飲食店のようにノウハウがあって、同じようなステップで次々に店舗展開できるのではない。素晴らしいコンテンツを持っていても困難なのである。

第6章
三鷹の森ジブリ美術館は三鷹市の「公の施設」

1．はじめに

　三鷹の森ジブリ美術館（以降、ジブリ美術館）はアニメ制作会社スタジオジブリの作品を用いたテーマ性の強い美術館である。これはコンテンツの二次利用による美術館である。また子供のみ乗ることができるネコバスなど、エンターテイメントの要素も強い。よって本書では、ジブリ美術館はテーマパークではないが「テーマパークの性質を併せ持つ」と考え、対象とする。

　本章では、ジブリ美術館の設立と地域振興について考察する。その際、ジブリ美術館の構想主である宮崎駿監督の人物像も合わせて考察する。

　㈱スタジオジブリ[137]は1985年設立、2005年営業開始、所在地、東京都小金井市、代表取締役会長、星野康二氏、代表取締役社長、中島清文氏、代表取締役プロデューサー、鈴木敏夫氏、従業員数150名、主な取引銀行、三菱東京UFJ銀行、三井住友銀行である。事業内容は、アニメーション映画、テレビCM、テレビ映画、実写映画等の企画・製作、アニメーション映画に登場するキャラクター等を利用した各種マーチャンダイジング等、音楽著作権の管理・譲受、楽曲のプロモート、レコード原盤・マスターテープの製作供給、「三鷹の森ジブリ美術館」の監理・運営等である。

　同社の沿革は、高畑勲監督、宮崎駿監督のアニメーション映画制作を目的に、㈱徳間書店の子会社として1985年に活動開始した。当初は吉祥寺を拠点としていたが、1992年に現在の所在地に自前のスタジオを建設した。1997年、㈱徳間書店と合併し、㈱徳間書店／スタジオジブリ・カンパニーとなる（後にスタジオジブリ事業本部）。2005年、スタジオジブ

---

137 株式会社スタジオジブリ「会社概要」2020年10月3日アクセス
http://www.ghibli.jp/profile/

リのアニメーション作品と㈱徳間書店スタジオジブリ事業本部としての
すべての事業を引き継いで、㈱スタジオジブリとして新たにスタートし
た。

２．宮崎駿の人物像

　ここでは宮崎駿（みやざき・はやお）氏の人物像を検証する。ジブリ美
術館の構想主がどのような思考の持ち主で、どのような経験を有し、その
結果施設にどのような影響があるのか検証する。それは同施設の基盤を
考える上で重要となる。

東京の裕福な家に生まれるも戦争で疎開

　宮崎駿氏は 1941 年東京都文京区の裕福な家に誕生、幼い頃に悲惨な第
二次世界大戦を経験した。疎開先の宇都宮で空襲に遭う。宮崎氏の親戚が
宮崎飛行機という軍用機製造会社を経営しており、宮崎氏の父はその企
業の役員をしていた。同氏は軍用機に詳しい軍事マニア（昔の言い方で
「軍国少年」）である。特にゼロ戦（零式艦上戦闘機）のファンで、それ
を設計した技術者、堀越二郎氏を主役にして「風立ちぬ」（2013 年）を
制作した。「紅の豚」（1992 年）も軍用機マニアが伺える作品である。
　宮崎氏の映画に出てくる主人公は、芯が強く自分の信念を持って行動
しているキャラクターが多い。これも同氏の戦争の体験から生じている。
同氏が幼少の頃、戦争の惨禍から家族で車に乗って逃げている途中に「乗
せてください」と助けを求める親子がいたが、父親はそれを振り払うよう
にして車を発進させた。当時としては仕方がないことであったが、同氏の
脳裏に乗せてあげてと言えなかったことが強く印象に残った。このこと
から「自分のアニメでは乗せてあげてとはっきり言えるような意志の強
さを持った子を主人公にしよう」という気持ちが生まれた[138]。

---

[138] DVD『ポニョはこうして生まれた〜宮崎駿の思考過程〜』NHK エンタープラ
イズ　2009 年 12 月 18 日

また同氏は都会に対する嫌悪感のようなものがあり、どこかで田舎に憧れているところがある。これも作品に表れている。戦時中に車を所有していたことは、家が非常に金持ちだったと分かるエピソードである。

学生運動と児童文学研究

戦後、同氏は東京に戻り、家政婦がいる裕福な家庭に育ち、家政婦に映画に連れて行ってもらう少年期を過ごした。学習院大学政経学部在学中、「60年安保闘争」など過激な学生運動がはやっていた。同氏は学習院大学の自治会の広報部長を務め、学生運動を活発に行った。同時に児童文学研究会に所属して子供向けアニメの基礎となる児童文学の研究を行った。本当はアニメ研究会に入りたかったが、当時の学習院大学にそれがなかったため、児童文学研究会に入部し、児童文学を研究した。同氏は、アニメは子供のものという考えのもと、子供向けアニメを制作している。

東映動画にアニメーターとして就職

宮崎氏は大学卒業後、1963年にアニメーターとして東映動画に入社(最後の定期採用)した。東京都練馬区に四畳半のアパート(家賃6,000円)を借りた。初任給1万9,500円(3ヶ月の養成期間は1万8,000円)であった(宮崎, 1996)。

東映動画での労働組合活動から、その後互いを刺激しあう関係の高畑勲監督と出会う。高畑氏の方が年上で、上司である。宮崎氏は「未来少年コナン」(1978年)で初めて監督を務め、「ルパン三世カリオストロの城」(1979年)や「風の谷のナウシカ」(1984年)の成功で映画監督としての地位を築きあげた。そして1985年に徳間書店の子会社としてスタジオジブリを高畑氏とともに発足させた。スタジオジブリは2005年に徳間書店傘下を離れ独立した。そして「天空の城ラピュタ」(1986年)、「となりのトトロ」(1988年)、「もののけ姫」(1997年)などの名作アニメを次々に大ヒットさせ続け、現在も精力的に活動している。

ウォルト・ディズニーと違い職人気質

　宮崎氏は外国人記者の「日本のディズニーと呼ばれることに対してどう思っているか」というインタビューに対し、「ウォルト・ディズニーはプロデューサー。僕は現場のアニメーターなので、比較されても困る。オールドナイン（ディズニーアニメのパイオニアである 9 人のアニメーター）のことは尊敬している」（鈴木, 2008, 111 頁）と答えた。

　宮崎氏は成功後も現場のアニメーターという職人を貫いている。職人気質で、人見知りで、表舞台にはあまり出たがらない。

　宮崎氏はプレゼンテーションが苦手とされている。インタビュワーやマスコミに対して消極的である。公の舞台に出てくる回数は鈴木敏夫プロデューサーの方が圧倒的に多い。彼の口から間接的に宮崎氏の考えが語られることが多い。

　宮崎氏は、本人や鈴木プロデューサーも認めているが、人材を育成する能力は高くない。アニメーターとして天才的な同氏は、自分ができることを他者ができないことが十分に理解できないので、指導が上手くいかないケースが多々ある。宮崎氏は不合格を出し、合格を出さないこと（「駄目出し」と呼ばれる）が非常に多い。そのため耐えられなくなったアニメーターの離職率は高いと言われている。同氏の駄目出しに耐えられ、同氏に言いたいことを言える人は、長男の宮崎吾郎監督（代表作「ゲド戦記」「コクリコ坂から」等）だけとされている。スタジオジブリの課題は高畑勲監督、宮崎駿監督の後継者を育成することと言われている。

　その高畑氏は 2018 年に肺癌で逝去した。享年 82 歳であった。2020 年現在、宮崎氏はすでに 79 歳で、新作アニメを制作していると言われている。

共産主義的思想と雇用の受け皿創出

　宮崎氏は左翼的で共産主義的な思想の持ち主である（宮崎, 2002, 64 頁）。宮崎氏は 1941 年生まれであるため、思春期にソ連と東側陣営が強

大であったこと、共産主義思想が活発に議論されていたこと、共産主義思想の持ち主による学生運動等が盛んであったことなどが影響していると考えられる。同氏は東映動画で労働組合の活動をしていたこともあり、共産主義的な思想を持っている。この組合活動は、宮崎氏にとって重要な経験となっている。この組合活動を通してその後ずっと付き合うこととなる高畑勲監督と出会った。宮崎氏は労働組合の書記長に就任して本格的に活動した。宮崎氏はある取材で記者に「宮崎さんは以前マルクス主義であることをやめたとおっしゃっていましたが」と聞かれ、「やめたけれども、今でもマルクス主義的な世界構造は胸の中にある」と答えた[139]。ソ連や中国を見て失望したようである。また「心情的左翼」と述べている（宮崎, 1996, 248 頁）。

　宮崎氏は、日本共産党が協力して作っている「少年少女新聞」に 1969年 9 月 12 日から 1970 年 3 月 15 日にかけて「秋津三朗」名義で漫画を連載した。題名は「砂漠の民」である。そして同氏は「僕は労働組合の役員をやったことがあります」と述べている（宮崎, 2008, 361 頁）。宮崎氏に多大な影響を与えた高畑氏も共産主義的な考えを持っている。高畑氏は記者に「世界はこれからどうなっていくのか」と質問され、「地球の資源は有限なので共産主義的なものでやっていくしかない」と答えた。宮崎氏はそれに反論しなかった（鈴木, 2011, 163 頁）。以上の点から総合的に、高畑氏、宮崎氏は共産主義的な思想の持ち主と考えて間違いないだろう。この思想が、<u>退職後のアニメーターの雇用の受け皿としてジブリ美術館</u>を思い立ったと思われる。

　共産主義的な思想の持ち主の多くは、社会的成功後にその思想を隠す傾向にあるが、宮崎氏は社会的成功後も隠していないようである。ここから宮崎氏は、イメージアップ戦略に関心が無いと思われる。

---

[139] 『CUT』2009 年 12 月号　54 頁

また宮崎氏にとってスタジオジブリの鈴木敏夫プロデューサーはなくてはならない存在である。もともと徳間書店に務めていた鈴木プロデューサーは、資金を工面することよりも宣伝に力を入れている。宣伝を通じて他の企業との交流を深め、そこから種々の仕事につなげていく。鈴木プロデューサーの人脈形成術は目を見張るものがある。宮崎氏は才能だけではなく、理解し支える人材に恵まれている。

3．三鷹の森ジブリ美術館の経営

　スタジオジブリはアニメーターを中心に従業員 300 名前後の中規模な企業である。宮崎氏は「ジブリは町工場。町工場でなければ良いものは作れない」と言う。スタジオジブリとは別にジブリ美術館があり、そこに120 名前後の従業員がいる。この従業員は正社員、非正社員の別は非公開である。売上高、営業利益、経常利益なども全て非公開である。

　宮崎氏は「そもそも美術館ではなくて、不思議なものや仕掛けをいっぱい見せる、見世物館を作りたかったんですよ。でも、それだと財団法人になれないらしいので、美術館のふりをしています」と言う（ジブリ美術館,2011, 91 頁）。つまり美術館という典型的な型にはまった施設にするつもりはなかった。しかし財団法人になるためにエンターテイメントだけの施設にすることはできなかった。

　ジブリ美術館は、東京都三鷹市とスタジオジブリを軸とした民間企業が共同で設立され、運営されている。その事業の仕組みは「三鷹版 PFI」とも言われ、指定管理者制度の先行事例としても関心を集めた。ただし、これは本来の指定管理者制度でも PFI でもない（綜合ユニコム, 2005）。

　ジブリ美術館は、1992 年に三鷹市が都立井の頭公園西園拡張予定区域（約 2 万㎡）内に文化施設建設を条件として使用することを東京都と合意したことに始まる。一方、当時スタジオジブリ制作物の著作権を持っていた㈱徳間書店スタジオジブリ事業本部（以降、徳間書店）は、1997 年頃から独自の美術館構想を持ち、1998 年 3 月、三鷹市の文化施設構想の

情報を得て、美術館準備室の学芸員は三鷹市長を訪ね、意気投合した。しかし都立公園内に民間施設は認められないと東京都が言ったため、次のようなアイディアを出した。三鷹市の公の施設であることが基本条件であったため、「負担附き寄附」による「公の施設」とすることになった（詳細は短編「三鷹の森ジブリ美術館のビジネスモデルと指定管理者制度」を参照）。

ジブリ美術館の運営会社は公益団体法人徳間書店アニメーション文化財団と㈱マンマユート団、2001年10月1日開業、所在地は東京都三鷹市下連雀、総工費50億円（参考までに、同年開業の東京ディズニーシーは総工費3,380億円）、業員数122名（2009年）、年間来場者数約60〜70万人、入場料大人1,000円である。

創設理由：アニメーターの高齢化対策と雇用創出

ジブリ美術館の構想が本格化したのは1997年秋である。もともと**ジブリのアニメーターの高齢化対策**として案が練られた。高齢になるにつれ、重労働なアニメーターを続けるのは困難である。現役引退後に過ごす場所として何か店をと店舗用の土地を探していた中、「もののけ姫」（1997年）がヒットし、百貨店で開催された原画の展覧会が好評だったことから、構想が美術館へと変化していった。

さらに宮崎氏には幼稚園を作りたいという夢があった。この夢は2008年にジブリの企業内保育園「三匹の熊の家」および「はなれ」として叶うことになる。その夢を発展させる形として、美術館の具体的なコンセプトを練るようになった。最初のアイディアは「山を作って、その中に美術館を入れてしまう。入り口を山のふもとに作って、出口は山の上。そこで親子でお弁当を食べてもいいし、山をかけ降りてもいい」というものである。始まりが幼稚園であることからも、子供に目線をおいた作りを重視している。ジブリ美術館のキャッチフレーズは「迷子になろうよ、いっしょに」である。

1998年から本格的に建築予定地差探しが始まり、同年2月、三鷹市から現在の「井の頭公園西園拡張用地」を紹介されたが、予定地は東京都所有のため、建設できるのは市立などの公の施設だけであった。そこでスタジオジブリ関連会社が建物を建設後、東京都三鷹市に寄付して、公の施設にするという「負担附き寄付」という方法で設立する案が出された。施設の管理、運営については三鷹市、徳間書店、日本テレビ放送網が出捐して設立した「財団法人徳間記念アニメーション文化財団」が行う。美術館の正式名称は「三鷹市立アニメーション美術館」である。「三鷹の森ジブリ美術館」はいうなれば「正式な通称」である（ジブリ美術館, 2009, 94頁）。

コンセプト

　ジブリ美術館のコンセプトは、パンフレット「三鷹市立アニメーション美術館の開館に向けて」によると次のようになる。パンフレットの言葉に考察しやすいように筆者が番号をふった。

　おもしろくてやわらかくなる美術館。いろんなものを発見できる美術館。キチンとした考えがつらぬかれている美術館。楽しみたい人は楽しめ、考えたい人は考えられ、感じたい人は感じられる美術館。そして、入った時より、出る時はちょっぴり心がゆたかになってしまう美術館！

　そのために、建物は、①それ自体を1本の映画としてつくりたい、②威張った建物、立派そうな建物、豪華そうな建物、密封された建物にしたくない、③すいている時こそ、ホッとできるいい空間にしたい、④肌さわり、さわった時の感じがあたたかい建物にしたい、⑤そとの風や光が自由に出入りする建物にしたい。

　運営は、①小さな子供たちも一人前にあつかい、②ハンデを持っている人にできるだけ配慮したい、③働く人が自身と誇りを持てる職場にしたい、④道順だの、順路だの、あまりお客さんを管理したくない、⑤展

示物に埃がかぶったり、古びたりしないよういつもアイディアを豊かに新しい光線を続けたい、⑥そのための投資を続けるようにしたい。

　展示物は、①ジブリファンだけがよろこぶ場所にはしたくない、②ジブリの今までの作品の絵が並んでいる『おもいで美術館』にはしたくない、みるだけでも楽しく、作る人間の心が伝わり、アニメーションへの新しい見方が生まれてくる場所をつくりたい、③美術館が独自の作品や絵を描き、発表する、映像展示室や展示室を作り、活き活きと動かしたい〈→独自の短編映画を作って公開したい！〉、④今までの作品については、より掘り下げた形で位置づけて展示したい。

　カフェは、①楽しみ、くつろげるための大事なところとして位置づけたい。ただし、多くの美術館のカフェが運営困難になっている現状からも安直にやりたくない、②個性あふれたよい店をまじめにつくりあげたい。

　ショップは、①お客さんのためにも、運営のためにも充実させたい、②売れれば良い式のバーゲン風安売り店にしたくない、③よい店のあり方を模索し続けたい、④美術館にしかないオリジナルグッズを作りたい。

　公園との関係は、①緑を大切にするだけでなく、十年後にさらによくなるプランをつくりたい、②美術館ができて、まわりの公園も豊かになり、公園が良くなって美術館もよくなったといえるような形の運営を探し見つけたい。

　こういう美術館にはしたくない！すましている美術館、えらそうな美術館、人間よりも作品を大事にしている美術館、おもしろくないものを意味ありげに並べている美術館。

三鷹の森ジブリ美術館館主　宮崎駿

　ここから、権威ある堅い美術館とは全く発想が異なることが分かる。エンターテイメント性の高い美術館である。多くの美術館のカフェが経営難であることをふまえ、甘い考えで参入できないことを宮崎氏は分かっていた。

建物

　ジブリ美術館は、全体が井の頭公園の森の木々に囲まれた中に埋もれたような状態で、外界から隠れた位置に作られている。入口は、大きなトトロのぬいぐるみを置いたフェイクの受付からしばらく歩かないと見つけられない仕組みになっている。美術館のキャッチフレーズは「迷子になろうよ、いっしょに」で、迷子になったような感覚にさせることによって、不思議な場所という印象を与えることができる。ディズニーランドは「外を見せない」ことによって外界を遮断していることに対し、ジブリ美術館は「外から見えない」ことにより外界を遮断している。

　建物自身が立派な展示物となり、スタジオジブリの世界観や魅力を発信している。アニメ映画「トイ・ストーリー」等の監督で数々の映画を作ってきたジョン・ラセター監督は、ジブリ美術館を訪れた際に「ジブリ美術館と宮崎アニメ作品の中に出てくる建物には類似点がある。1つめは漫画的な誇張があること。2つめは有機的な雰囲気があること。3つめは西洋建築的な感覚があること。この3つを組み合わせたものが類似点である。よって美術館のなかでたくさんの宮崎作品に会うことができる。」と言う。つまりスタジオジブリの豊富な資源を建物にも盛り込んで、シナジー効果が発揮されている。

　アニメ映画制作企業がジブリ美術館をプロデュースしているため、施設の作り方も映画の作り方と一致している部分がある。それは入口部分である。ジブリ美術館の入口にも宮崎作品との共通点が見られる。それは入口に入るとすぐに階段を下っていかなくてはならず、全て下りきった後には吹き抜けがあるので、入場者は最下部から「見上げる」視点を最初に必ず持つように作ってある点である。宮崎作品の建物が映し出される場合、必ず建物を見上げるような映像が出てくる。このように、実際の作品と同じような視点を持つことにより、入場者は「自分がジブリの世界に入っている」と思うことができる。ディズニーランド、ジブリ美術館ともに、入口を重視している点で一致している。

ジブリ美術館は、コンセプトが迷子にさせるためのものであり、あえて入場者に自分の位置を分かりにくくさせている。ジブリ美術館は均等ではない空間や曲線の多い空間で建物を構成しており、分かりにくい。施設内の写真撮影が禁止である（屋上は可）。当初は写真撮影を許可していたものの、写真をとることが目的となり、展示物を見ようとしない親と、その被写体になって自由でいられなくなり、十分に楽しむことが出来ない子供たちを目にした宮崎氏が禁止したのである。

運営

　ジブリ美術館は比較的宣伝をしていない。ジブリ美術館の具体的な宣伝方法はコンビニエンスストアのローソンで見られる。コンビニエンスストアは若者だけでなく、地方では高齢者もよく利用することから、「千と千尋の神隠し」の宣伝をローソンで行ったことが有効に働いた。コンビニは単なる小売店ではなく、1つのメディアとして有力であると確信した鈴木プロデューサーが、美術館にもこの手法を用いることにした。両施設はどちらも作品自体に大きな宣伝効果があるといってよい。なお、ジブリ美術館は入場券をローソンのロッピーで独占販売している[140]。

　ジブリ美術館は完全に予約制（ローソンのロッピーの独占販売）で、入場時間は1日4回（10時、12時、14時、16時）に限られる。入れ替え制ではないので一日中滞在してもよい。1回に入場できる人数は600名で、1日に入場できる人数が2,400名に限られる。その理由は、混雑を避けることと、美術館のイメージとして、人があふれかえって窮屈になってしまうのはあまり良くないからである。宮崎吾朗監督は「休日はかなり混

---

[140] 2002年3月21日　日経MJ（流通新聞）7頁「映画や音楽分野、コンビニが強化―人気コンテンツ独占狙う。」

雑するので、ゆっくり見てもらうために、経営的に許せばむしろ入場者数を減らしたい」と言う[141]。

展示物（アトラクション）

　ジブリ美術館にとって、展示物はアトラクションとなる。その展示物には、宮崎氏の幼少時代の思い出が反映されている。常設展「映画の生まれる場所」は、テーマとしては映画の制作現場を一部屋ずつ作業別に流れに沿って説明する。現場は宮崎氏が東映動画に入社したばかりの頃、「日本が貧乏で幸せだった頃」を再現している。この「映画の生まれる場所」の2番目の部屋「準備室」は少年の部屋をイメージしたものである。この少年の部屋の中には男の子が好きそうな工具や機械、祖父から譲り受けたというコンセプトの古くて大きな机や飛行機模型、宮崎氏が影響を受けた沢山の書籍などが雑多に置いてある。これは宮崎氏がジブリ作品の美しい背景などを多数描いてきたアニメーターの男鹿和雄氏と昔を思い出しながら楽しそうに相談して決めたものである（ジブリ美術館, 2009, 50頁）。

　この部屋の主である少年の気持ちと、自分が少年だった頃の気持ちを一体化させながら作り上げたのではないだろうか。同氏は「（この部屋は）子供の頃に欲しかった部屋」と述べている（宮崎, 2008, 315頁）。

　ジブリ美術館のコンセプトと展示物は、リピーターの獲得につながる働きをする。ジブリ美術館の映像展示室「土星座」は、約80名収容できる映画館であるが、ここで上映されているジブリ制作の短編アニメーション映画は、他で見ることができないものとなっている。

　ジブリ美術館の展示物は、エンターテイメント（楽しみ、娯楽性）よりも教育の要素が大きい。教育（エデュケーション）とエンターテイメントの複合語を<u>エデュテイメント</u>という。例えば、アニメーションはどういう

---

[141] 日本経済新聞　2005年5月11日　地方経済面　東京　15頁「三鷹の森ジブリ美術館長宮崎吾朗氏—アニメの魅力分かち合う（TOKIO 進化びと）」

144

技術を持って作られたのかを見せる「動きはじめの部屋」等がある。その内容の端々にジブリ作品の世界観を見ることが出来るので、来場客は楽しんで学習することが可能である。

　ジブリ美術館は土星座で映写機を使う（今の映画館で映写機を使うところは殆どない）など、過去というコンセプトを確固たる信念を持って守っている。ジブリ美術館は、ミュージアムとしての役割からすれば、過去に対するこだわりも担う。美術館は広義には博物館の一種類である。博物館は資料を保存し、収集し、展示し、それら過去のものを未来へ残し、伝えていく役割を担う。宮崎氏は新しい技術に頼ることを危惧しており、未来に対して悲観的に考え、古いものを大切にしていこうという考えを持っている。

ショップ・飲食店

　ジブリ美術館のショップはストーリー性を持つ。ジブリ美術館内のショップや飲食店はそれぞれ一店舗のみである。ショップは「マンマユート」、飲食店は「麦わらぼうし」という。ここでは「マンマユート」について述べる。これは映画「紅の豚」（1992年）に出てくる空賊団に由来する。「マンマユート」（MAMMA AIUTO）はイタリア語で「ママ！助けて！」という意味である。ショップのマークにも採用されている髭の男はこの空賊団のボスである。つまりこのショップはこの空賊団が運営しているというストーリーを来場者に思わせる狙いがある。またジブリ美術館の運営会社も「マンマユート団」という名前をつけている。この空賊団が運営している、盗んできた宝物の美術館というストーリーを連想できる。

　ショップではそこでしか買うことの出来ないオリジナルグッズを販売している。それによってリピートしたい理由をさらに増やす。

　ジブリ美術館はショップ1店舗、飲食店1店舗である。これは、TDRでは多くの来場者が一日中滞在していることに対して、ジブリ美術館で

は特殊な入場方法や、閉館時刻が 18 時と早いために必ずしも全ての人が飲食店を利用するとは限らないこともある。ジブリ美術館の飲食店は、家庭料理をコンセプトにしているので、身近な日常の雰囲気を楽しむことが出来る。TDR が飲食物の持ち込み不可にすることによって飲食店の売上を上げるのに対して、ジブリ美術館はお弁当など持込可である。「天気の良い日は芝生の上でお弁当を！」と持込を歓迎している。ジブリ美術館内の飲食店は満席かつ行列していることが多いので、それを補う要素として、飲食物を持ち込むというアイディアであろう。

三鷹市との地域連携

ジブリ美術館は三鷹市のイメージ作りに貢献している。三鷹市の新しいイメージと子供たちの夢のシンボルとして宮崎氏のデザインにより出されたキャラクター「ポキ」は、名前を市民から公募し、グッズ展開され、三鷹市とジブリの連帯感を出している。また 1 日限定 2,400 枚の入場券のうち、必ず 100 枚を地元市民向けに確保する。市民や近隣市民を無料で招待する「三鷹市民デー」などを設けている。TDR でも地域別のチケット割引サービスはあるが、ジブリ美術館は一日 2,400 名のみの入場制限で、そのうちの 100 枚を市民のために確保する。また、地域の小学生や幼稚園、保育所の園児を積極的に招くなど、地元密着の姿勢を鮮明に打ち出している。

近年漫画やアニメを核とした街作り盛んに行われているが、その取り組みの手本として同施設はモデルケースといえる。アニメで実在の街が舞台になっている場合、アニメファンがそこに行くことを「聖地巡礼」といい、ブームとなっている。それを活用しての地域振興策がとられている。

4．発見事項と考察

本章では、ジブリ美術館の設立と地域振興について考察し、次の点を明らかにした。

第 1 に、ジブリ美術館は民間企業ではなく、財団法人にするために美術館の形式をとっている。東京都三鷹市の「公の施設」である。

　第 2 に、ジブリ美術館は利益を上げることを第一目的としていないことは明らかである。より売上を追求するのであれば、一日当たりの入場券販売数を増加させ、ショップ、飲食店を増やし、飲食物の持込不可にするはずである。TDR は飲食物の持込不可である。TDR は利益を上げることを重視しており、優れたビジネスモデルで商業的に成功している。ジブリ美術館の成功は、利益の最大化のみが成功ではないという示唆をレジャー産業に与えている。ジブリ美術館はレジャー施設で、同時に文化施設でもある。文化施設として、親子の交流の場として、児童文学の世界が立体的に再現された場として生きている。利益追求のみがジブリ美術館の使命ではない。宮崎氏は共産主義的な思想の持ち主なので、必要以上に売上を追求しないのではないか。人が良すぎて、儲けることは下手なのかもしれない。また従業員の労働条件への配慮なのか、ジブリ美術館は 18 時に閉園する。それでは夕食需要が見込めない。それどころか、夕食の需要を放棄している可能性もある。

　TDR では、ゲストの滞在時間が長いほど客単価が向上されることが証明されており、滞在時間を延ばす努力がされている。例えば、夕方以降にエレクトリカル・パレードや花火等のナイトショーを充実させることで夕食需要を生じさせている。夕食は昼食に比べて単価が高いので効率よく客単価を上げることができる。それに対して、ジブリ美術館は、売上増よりも従業員の労働時間短縮を優先していると感じられる。宮崎氏が東映動画時代に活発に労働組合活動を行っていたときの思想が、経営者になった現在も健在なのではないか。なお、労働組合活動とは、労働者が団結して経営者に勤務時間短縮と給与増などを訴える活動である。

　第 3 に、宮崎氏はアニメーターに優しい雇用慣行を作ろうとしたようである。アニメーターとして大成功し、地位と名声を得て、スタジオジブリを世界的に有名にしたが、それでもなお管理職ではなくプレイヤーと

して質の高い仕事を目指す職人であり続ける。ジブリ美術館はハードな
アニメーターの引退後、アニメーターの再就職先という目的も持って設
立された。

5．まとめ

　天才アニメーターは、①アニメーターの再就職先の創出、②地域振興、
を同時に達成するアイディアとしてジブリ美術館を設立したと言える。
おそらく「潰しが効かない」職業であろうアニメーターを多く見ていて思
い立ったのだろう。労働者を保護する立場を取る宮崎氏らしいアイディ
アである。

謝辞

　本章は私のゼミ生、服部明日香氏の 2011 年度卒業論文に加筆修正した
ものである。①に加筆修正したものが、②である。本章は②からジブリ
美術館について抽出し、そこに加筆した。服部氏のおかげで宮崎駿監督に
詳しくなれた。本章を思い立ったのは服部氏のおかげである。厚く御礼申
し上げる。
①服部明日香（2012）「ディズニーランドと三鷹の森ジブリ美術館の比
較研究」大阪観光大学 2011 年度卒業論文
②服部明日香・中島　恵（2013）「東京ディズニーリゾートと三鷹の森
ジブリ美術館の経営比較」『テーマパークの施設経営』三恵社

<参考文献>
- ジブリ美術館（2009）『迷子になろうよ、いっしょに。三鷹の森ジ
  ブリ美術 GHIBLI MUSEUM, MITAKA GUIDE BOOK 2009-2010』
  徳馬書店

- ジブリ美術館（2011）『迷子になろうよ、いっしょに。三鷹の森ジブリ美術館ファンブッ GHIBLI MUSEUM, MITAKA FAN BOOK』徳間書店
- 鈴木敏夫（2008）『仕事道楽』岩波書店
- 鈴木敏夫（2011）『ジブリの哲学』岩波書店
- 宮崎　駿（1996）『出発点 1979～1996』岩波書店
- 宮崎　駿（2002）『風の帰る場所―ナウシカから千尋までの軌跡』ロッキング・オン
- 宮崎　駿（2008）『折り返し点 1997～2008』岩波書店

第7章　川崎市　藤子・F・不二雄ミュージアムと
　　　　川崎市の指定管理者制度

１．はじめに
　藤子・F・不二雄ミュージアムは藤子・F・不二雄氏の作品のミュージアムとして、小田急向ヶ丘遊園跡地に作られて盛況である。川崎市を代表する集客力ある観光施設となり、地域振興に一役買っている。また同施設は川崎市の指定管理者制度の施設である。

　本章では、藤子・F・不二雄ミュージアムの経営を川崎市と藤子プロダクション（以降、藤子プロ）の取り組みと地域振興を中心に考察する。

２．藤子・F・不二雄ミュージアムの概要
　藤子・F・不二雄ミュージアム（以降、藤子ミュージアム）は、長年川崎市多摩区に住み、多くの名作を生み出した藤子・F・不二雄（以降、藤子）氏の作品を展示・公開する文化施設として、川崎市と藤子プロが協力して整備し、川崎市の施設として、多摩区の生田緑地内に 2011 年 9 月 3 日に開館した。子供たちの夢と希望を育み、同氏の「夢」「希望」「友情」「勇気」「大いなる好奇心」「人を愛する優しい気持ち」などの大切なメッセージを全国へそして世界の人々に、また後世の人々に対して発信する。また、川崎市の今後の街づくりに向けた魅力の発信や地域の活性化の新たな拠点になるよう取り組んでいる。その運営には指定管理者制度が導入されている[142]。

　同施設は、所在地、川崎市多摩区、小田急線および JR 南武線登戸駅よりシャトルバスを運行、入館料、大人 1,000 円、中高生 700 円、子供（4 歳以上）500 円、3 歳以下無料、入館時間は①10 時、②12 時、③14 時、④16 時の 1 日 4 回、日時指定による予約制である。鉄筋コンクリート造、

---

[142] 川崎市 HP「『川崎市藤子・F・不二雄ミュージアム』とは」2013 年 8 月 19 日アクセス　http://www.city.kawasaki.jp/250/page/0000016461.html

地上 3 階建てである。市民向け優先販売を行っている。川崎市民は全国の人と同様に全国のローソンでチケットの予約・購入ができ、全国向けの販売とは別に市内 8 ヶ所の JTB 店舗で先行して市民向けのチケットが予約・購入できる。販売枚数は各回 50 人分である。市民向け優先販売を行う JTB 店舗は、JTB 川崎支店、JTB トラベランドラゾーナ川崎店、JTB トラベランド武蔵小杉イトーヨーカドー店等である。料金は一般販売と同額で、川崎市内在住の証明書（免許証・健康保険証・公共料金通知はがき等）が必要となる[143]。

その立地については、次のことに配慮して 2008 年 12 月に旧小田急向ヶ丘跡地内（川崎市多摩区長尾 2 丁目 8 番 1 号）に決定した。緑地の自然保護に充分配慮し、新たな森林伐採を行わないところ、鉄道駅及び道路アクセスの利便性の高さ、ばら苑など緑地周辺の施設などと回遊性の高いこと、小田急電鉄所有地であることから、川崎市と小田急電鉄が協力して取組を進め、小田急電鉄所有地をミュージアムとして活用することについて 2008 年 12 月に基本合意を締結した。2010 年 10 月、同施設を市の施設として位置づけるために第 4 回川崎市議会定例会にて、「川崎市藤子・F・不二雄ミュージアム条例議案」を提出し、可決された[144]。

さらに、藤子プロの協力のもと、こども 110 番事業を開始した。こども 110 番事業とは、民家、事業所及び公的施設の協力で、いざというときの子供の緊急避難先として、地域で子どもたちを見守る事業である。2006 年度から「こども 110 番」の表示ステッカーを一新し、藤子プロ協力のもと「ドラえもん」を起用した新たなデザインになった。またその普及・啓発のためにシールを作成し、市内全小学校児童に配布した。この事業での「ドラえもん」起用は藤子プロの快諾で実現した。藤子プロの全面

---

[143] 川崎市 HP「ミュージアム基本情報」2013 年 8 月 19 日アクセス
http://www.city.kawasaki.jp/250/page/0000016436.html
[144] 川崎市 HP「2011 年川崎市藤子・F・不二雄ミュージアムの開館に向けて」
2013 年 8 月 19 日アクセス
http://www.city.kawasaki.jp/250/page/0000003650.html

協力により、使用料は無償、新デザインの経費なども負担してもらうなど特段の配慮を得ている[145]。

　開業前の販売促進として、藤子氏のキャラクターを活用したモニュメント等がミュージアム周辺に設置された。最寄り駅からミュージアムまでのアクセス路上に設置されるモニュメントレリーフ付き案内サインの供用が開始された。ミュージアム前のバス停名が「藤子・F・不二雄ミュージアム」に変更された。キャラクターをあしらった転落防止柵や橋の高欄、ポケットパークなど、開館に向けて供用を開始した。開館まで1週間を切った2011年8月28日から小田急線登戸駅構内をミュージアム一色にした。開館1ヶ月前に同施設の主要アクセス手段として、登戸駅とミュージアムを結ぶ特別仕様シャトルバスのお披露目式を開催した。シャトルバスは、1号車「ドラえもん」、2号車「オバケのQ太郎」、3号車「キテレツ大百科」、4号車「パーマン」である。登戸駅からシャトル輸送し、一部の便は生田緑地東口へ運行する[146]。

沿革

　藤子・F・不二雄氏の川崎市移住後および同施設の沿革[147]は次のようになっている。

　1961年以降、藤子氏は東京都豊島区の「トキワ壮」から川崎市多摩区に引っ越し、創作活動を展開した。1981年、川崎市文化賞受賞、1996年、逝去、1999年、藤子氏の妻、藤本正子氏を中心に藤子氏の功績を顕彰する施設創設を藤子プロで検討し、長年居住した川崎市に、原画などを文化財として有効に活用し、市民に公開して欲しい旨を申し入れた。

---

[145] 川崎市HP「こども110事業での「ドラえもん」の活用」2013年8月19日アクセス http://www.city.kawasaki.jp/250/page/0000003611.html
[146] 川崎市HP「報道発表・プレイベント」2013年8月19日アクセス http://www.city.kawasaki.jp/250/page/0000016476.html
[147] 川崎市HP「これまでのあゆみ」2013年8月19日アクセス http://www.city.kawasaki.jp/250/page/0000016452.html

2000 年 4 月から、(1)インターネット博覧会に出展、(2)藤子氏の作品を鑑賞する機会として「企画展」を開催、同年 7 月、基本構想委員会を設置した。2001 年 3 月、（仮称）藤子・F・不二雄アートワークス基本構想委員会報告書を、2002 年 3 月、（仮称）藤子・F・不二雄アートワークス基本計画調査報告書を提出した。2003 年 1 月、川崎駅西口東芝跡地についても候補地として検討を開始した。2004 年 10 月、藤子プロから川崎市へ新事業の提案があった。2006 年 2 月、事業の枠組みについて、藤本正子氏、藤子プロ、川崎市の三者間で基本合意締結した。

2007 年 1 月、川崎市市民ミュージアムで「みんなのドラえもん展」開催、来場者数約 2 万人であった。同年 11 月、第 30 回かわさき市民祭りにて、ミュージアム開館のプレイベントを実施した。2008 年 5 月、川崎市青少年科学館プラネタリウム学習投影におけるプレイベント開始、同年 11 月、ドラえもん型ソーラーカーのソラえもん号がミュージアム開館を PR した。

同年 12 月、藤子プロと川崎市で「（仮称）藤子・F・不二雄ミュージアム基本構想」を公表した。同年 12 月、立地場所として小田急電鉄所有地を活用することについて川崎市と小田急電鉄の間で基本合意を締結した。2009 年 4 月、「ドラえもんとなかまたち展」開催、同年 6 月、川崎市と藤子プロ等の間で整備に向けた役割分担などを取り決めた「覚書」を締結、同年 9 月、パブリックコメント手続を経て、「（仮称）藤子・F・不二雄ミュージアム基本計画」を策定した。2010 年 5 月、ミュージアム建設の着工、同年 9 月、開館 1 年前プレイベント「カウントダウンモニュメントお披露目式」開催、同年 10 月、川崎市議会にて藤子・F・不二雄ミュージアム条例案を可決した。2011 年 3 月、指定管理者指定議案可決、指定管理者は㈱藤子ミュージアムである。

2011 年 5 月、竣工、6 月、藤本正子氏、藤子プロから建物の寄付を受け、9 月 3 日、開業に至った。2011 年 11 月、来場者数 10 万人突破、2012

年 1 月、来場者数 20 万人突破、同年 3 月、来場者数 30 万人突破、同年 8 月、来場者数 50 万人を突破した。

藤子・F・不二雄氏の略歴

藤子・F・不二雄氏は、本名、藤本弘（ふじもと・ひろし）、6 人家族（妻、三女、母）、富山県高岡市出身、神奈川県川崎市在住であった。1933（昭和 8）年 12 月 1 日、富山県高岡市に誕生した。1951 年「天使の玉ちゃん」でデビューした。藤子不二雄 A（本名：安孫子素雄：あびこ・もとお）氏とペンネーム「藤子不二雄」で作品を発表し始めた。1954 年、上京し、手塚治虫の転居後のトキワ荘に入居、1961 年、川崎市に転居、1962 年、正子夫人と結婚した。1963 年、「てぶくろてっちゃん」「すすめ、ロボケット」が小学館漫画賞を受賞、1964 年、「オバケの Q 太郎」連載開始、1970 年「ドラえもん」連載開始、1981 年、川崎市文化賞受賞、1982 年、「ドラえもん」が二度目の小学館漫画賞を受賞した。1987 年、コンビ解消し、藤子・F・不二雄として創作活動を開始した。1994 年、日本漫画家協会文部大臣賞受賞、1997 年、「ドラえもん」が手塚治虫文化賞マンガ大賞を受賞した。同氏の主要作品は児童まんがとして「ドラえもん」「新オバケの Q 太郎」「パーマン」「エスパー魔美」「21 エモン」「キテレツ大百科」「ウメ星デンカ」「モジャ公」「ポコニャン」「チンプイ」等、青年向け SF 漫画として「ミノタウロスの皿」「劇画・オバ Q」「みどりの守り神」「流血鬼」「カンビュセスの籤」「征地球論」「未来の想い出」「異人アンドロ氏」等である。全発表作品数 340 タイトル、TV シリーズ化作品数 12、映画化作品数 7 である[148]。

---

[148] 川崎市 HP「ドラえもん原作者プロフィール」2013 年 8 月 19 日アクセス
http://www.city.kawasaki.jp/250/cmsfiles/contents/0000003/3650/profile.pdf

３．藤子・F・不二雄ミュージアム設立の経緯
藤子・F・不二雄ミュージアム設立の目的

　藤子ミュージアム設立を思い立ったのは藤子氏の妻である。同氏の死後、原画を見ながらこれを後世に伝えたいと思った。最初は現在のようなエンターテイメント施設を構想していなかったようである。

　藤子氏の妻、藤本正子氏は 1962 年に藤本氏と結婚し、34 年間連れ添った。結婚する少し前、富山で離れて暮らす正子氏を慰めようと藤子氏は東京からこまめに手紙を送った。近況報告だったり、励ましだったりであった。藤子氏は当時 20 代後半で、多くの連載を抱えて仕事に打ち込んでいた。手紙の中にはこれからの漫画家としての夢を率直に綴ったものもあった。「一生に一度は読んだ子供達の心にいつまでも残るような傑作を発表したいと思っています。」とあり、純粋な思いを一途に持ち続けた人だった。「子供は天才だから。僕はいつも真剣勝負をしている」と周囲の人々によく語っていた。子供は本当に正直で、漫画がつまらなければ、名前のある人が描いたものでも投げ捨ててしまう。藤子氏は近所の子からサインをねだられるたびに色紙を家に持ち帰っていた。「1 週間後に取りに来なさい」と言うのが常で、その場では描かなかった。家の机の上で丁寧にペン入れし、色鉛筆で奇麗に色をつけてから渡していた。どんなに忙しくても決して手を抜かない。夫人は「なぜ、そこまで」と考えることもあったが、同氏の信念のようなものを象徴していた。才能はある一方、世俗的なことが苦手だった。愚痴など一言も漏らさなかった同氏が泣く姿を、夫人は一度だけ見たことがある。晩年、同氏をずっと支えてくれた編集者が退職、夫婦二人で挨拶に行った。その際、この編集者が「君は会社の書類をきちんと読んで、印鑑を押しているのか」と同氏を叱った。制作プロダクションの藤子プロの社長でもあった同氏だが、会社経営には無関心だった。全く書類を読まないで右から左へ決済の印を押していた。社会人失格だと言わんばかりの強い口調で注意され、同氏は黙って泣いていた。おそらく同氏は意識的に漫画を描くこと以外の余事から逃げてい

たのだろう。「ドラえもん」の連載を始めた 1970 年以降、人気が急上昇し、お金とともに雑音も入ってきた。アニメ化され、スポンサー企業の意向を時には聞かなければならない。同氏はそうした雑音を次第に遠ざけて、漫画だけに没頭するようになった。同氏が 1996 年に死去し、妻は残された 5 万点の原画を見ているうちに「この原画は夫の生きた時間そのもの。きちんと次の世代に渡さなければ」と思った。三回忌を終えた後、藤子氏が長く暮らした川崎市に原画の寄託を打診し、10 年がかりで構想が具体化した。同氏は 3 人の娘にとって人気漫画家ではなく、優しい父だった。多忙でも必ず家族と朝食をとり、日曜日は娘と一緒に遊ぶことを決まりにしていた。ミュージアムではそんな良き家庭人としての一面も紹介されている[149]。

小田急電鉄の向ヶ丘遊園撤退と事業転換

　一方、用地は小田急電鉄の所有であった。

　同施設の設立は、小田急電鉄が 2007 年 1 月に 2002 年に閉園した小田急向ヶ丘遊園（川崎市多摩区）跡地の再開発計画を発表したことに始まった。跡地約 21.7 ha のうち、緑地などを除いた約 12.7ha を開発、定期借地権付きマンション計 850 戸や文化施設を整備し、2009 年 10 月着工、2013 年度の完成をめざし、総事業費約 200 億円であった。計画地は「事業」「ガーデン」「緑地編入」「樹林地」のゾーンに区分けし、緑地と樹林の計約 7.7ha は緑をそのまま保全した。約 7ha の事業ゾーン内にマンションを建設し、340 戸の高齢者向け住宅や 450 戸の住宅、複数の診療所を集めた「医療モール」など生活支援施設を併設した 60 戸の住宅を整備する。約 7ha のガーデンゾーン内には庭園やレストラン、文化施設（地上 3 階、延床面積 4,200 ㎡）を建設する。川崎市は 2010 年度開館をめざす「藤子・F・不二雄ミュージアム」（仮称）とするよう小田急に提案し

[149] 2011/10/20 日本経済新聞　朝刊 40 頁「夫が描いた夢の輪郭線——元藤子プロ会長藤本正子氏（文化）」

た。小田急向ヶ丘遊園（以降、向ヶ丘遊園）は 1927 年、小田急線の開通と同時に開園した遊園地で、入場者数減少で 2002 年 3 月に閉園した。計画発表を受けて、阿部孝夫市長は「市との基本合意に沿ったもので、市北部の街づくりに寄与すると期待する」と述べた[150]。

2007 年 3 月、川崎市は藤子ミュージアムの建設場所として向ヶ丘遊園跡地を選定したと発表した。小田急電鉄の再開発計画に合わせて開業予定を一年遅らせ、2011 年秋開業とした。**川崎市が小田急から土地を借り受け、藤子プロが施設を建設して川崎市に寄付、川崎市は文化施設として運営を同社に委託**する計画であった[151]。

川崎市の藤子ミュージアムの予算 2.9 億円

川崎市は 2008 年 12 月、藤子ミュージアムの概要を発表した。5 万点に上る藤子氏の作品原稿や、同氏が集めた絵画などを資料として保管・展示し、年間入場者数を 50 万人前後とみていた。藤子プロが川崎市多摩区の向ヶ丘遊園跡地に建設する建物を市に寄付し、管理・運営は藤子プロに委託する。2009 年度から基本設計に着手し、建築費は 10〜15 億円と推定していた[152]。

2009 年 6 月、川崎市は藤子プロなどと藤子ミュージアムの整備で覚書を結んだ。藤子プロと関係企業が連携、指定管理者制度を基本とする運営組織を作った[153]。そして川崎市の 2010 年 9 月定例会で「川崎市藤子・F・不二雄ミュージアム」が条例で制定された[154]。

---

[150] 2007/01/27 日本経済新聞　地方経済面 神奈川 26 頁「小田急、向ケ丘遊園跡を再開発、200 億円かけ住宅・文化施設。」
[151] 2007/03/29 日本経済新聞　地方経済面 神奈川 26 頁「藤子・F・不二雄ミュージアム、向ケ丘遊園跡地、建設地に選定。」
[152] 2008/12/20 日本経済新聞　地方経済面 神奈川 26 頁「川崎市、藤子・Fミュージアム概要、間近で見るドラえもん、資料 5 万点保管・展示。」
[153] 2009/06/05 日本経済新聞　地方経済面 神奈川 26 頁「川崎市、藤子プロなどとミュージアム整備。」
[154] 2010/10/07 日本経済新聞　地方経済面 神奈川 26 頁「川崎市議会、9 月定例会が閉会。」

川崎市の 2011 年度予算案では、藤子ミュージアムの**予算は 2.9 億円**で
あった[155]。

地域との連携

　同施設と小田急電鉄は提携し、2011 年 7 月から神奈川県箱根地区でス
タンプラリーを開催した。箱根登山鉄道の箱根湯本駅の改札内など箱根
地区の 7 ヶ所にドラえもんやパーマンのキャラクタースタンプを設置し、
スタンプを 4 つ以上集めアンケートに答えるとドラえもんなどアニメキ
ャラが描かれた特製のクリアファイルがもらえた。スタンプラリーに参
加を希望する人は割引周遊券「箱根フリーパス」や小田原駅・箱根湯本駅
までの小田急ロマンスカー特急券などを購入し、40 万部限定で発行する
スタンプラリーシートを受け取る必要があった[156]。

　川崎市内の大学とも連携している。2011 年、専修大学は学生の就労支
援の一環として、独自の長期就業体験プログラム「問題解決型インターン
シップ」を実施した。川崎市と連携して市内の企業や商店街の問題解決に
一役買いながら、学生にビジネス経験を積ませるのが目的であった。その
一環で藤子ミュージアムのプレイベントの企画・運営をした[157]。

小田急電鉄による販売促進

　小田急電鉄は 2011 年 8 月から「ドラえもん」「パーマン」「キテレツ
大百科」など藤子氏の 10 作品のキャラクターを外装に描いた特別列車
「小田急 F-Train」を運行すると発表した。10 両の一編成で小田急線全
線を一日に 4〜5 往復する。車内のドアにはドラえもんとドラミちゃんが
「ひらくドアに気をつけてね」と呼びかけるシールを貼り、つり革はドラ

155 2011/02/08 日本経済新聞　地方経済面　神奈川 26 頁「川崎市、一般会計 2 年
連続最高、11 年度予算案、経済・雇用対策に 900 億円。」
156 2011/06/20 日経産業新聞 17 頁「小田急、スタンプラリー、箱根で来月から。」
157 2011/04/19 日本経済新聞　地方経済面　神奈川 26 頁「専修大の就業体験、商
店街活性化を提案、「藤子・F・不二雄ミュージアム」でも企画。」

えもんの鈴などをちりばめたカラフルなデザインで、うち約 1 割には模様の一部がドラえもんの顔になっている「ラッキードラえもん」がある。列車名は作者の名前の一部分の F と、夢のある未来へ走っていく列車となるようにと Future（未来）の F から取った。同年 9 月から川崎市内にある登戸駅と向ヶ丘遊園駅で、列車の到着時にホームに流すメロディーをドラえもんなどのテレビアニメの主題歌にすることも決めた[158]。

　しかし 2011 年 9 月、小田急電鉄は藤子氏のキャラクターを車体外部にあしらった特別列車「小田急 F-Train」のラッピングを取り外した。東京都から都の屋外広告物条例に抵触しているとの指摘を受けたためであった。8 月 3 日の運転開始から約 2 ヶ月間で姿を消した。車体外部にはドラえもんやパーマンなどのアニメキャラが全面に登場した。小田急は車体へのラッピング装飾は車両塗装の変更で広告ではないとの認識だった。しかし東京都は「許可申請をしなかったこと」「広告物の面積が基準となる『車体一面の 10 分の 1 以下』を超えていること」を問題視した。小田急は争わず東京都の指摘を受け入れ 10 月 1 日以降、ラッピングを外して運転することを決めた。つり革に施されたキャラクターデザインなどはそのままにした。小田急は「今後、各自治体の屋外広告物などの条例にのっとった手続きを徹底する」と述べた[159]。

　小田急電鉄は同施設の最寄り駅である小田急小田原線の登戸駅と向ヶ丘遊園駅に 2012 年 3 月、キャラクター付きの IC 乗車券入金機を設置した。ドラえもんやパーマンなどの人気キャラクターが描かれた装置で「パスモ」「スイカ」への入金、履歴表示などができる[160]。

---

[158] 2011/08/03 日経産業新聞 16 頁「小田急に「ドラえもん」列車、「パーマン」なども登場、きょうから 1 日 4〜5 往復。」
[159] 2011/09/26 日経産業新聞 19 頁「「ドラえもん列車」は広告？、都、外部塗装を指摘——小田急、30 日で終了。」
[160] 2012/02/28 日本経済新聞　地方経済面 神奈川 26 頁「小田急電鉄、チャージ機に藤子キャラ。」

2012 年 7 月、小田急電鉄はドラえもんのラッピング電車を 10 ヶ月ぶ
りに復活させた。今回はキャラクターの大きさを抑えた控えめなデザイ
ンで条例をクリアした。同施設の PR 用に車両を改造した。ドラえもんの
他、「パーマン」「キテレツ大百科」など 7 作品のキャラクターを内外装
にあしらった。2011 年は東京都から屋外広告物に対する事前の許可申請
がなく、広告面積も車体外側の 10 分の 1 を超えていると条例違反を指摘
されていた[161]。

　2012 年 8 月、小田急電鉄は特急ロマンスカーの車内限定で「ドラえも
ん」「パーマン」などのイラスト付き飲料容器「プラカップ」の販売を始
めた。開業 1 周年を迎える藤子ミュージアムとの共同企画で、価格は 400
円で限定 5,000 個を用意した。小田急の電車のイラストを描いたプラカ
ップのシリーズ商品も販売を始めた[162]。

館長「ビジネスのために作ったのではない」

　藤子ミュージアムは開業から 1 ヶ月で約 5.2 万人が来場し、早くも川
崎の観光名所になりつつあった。伊藤善章館長は手応えや課題について
次のように述べている。立ち上がりについて「滑り出しは順調だ。開業前
は不安でいっぱいだったが、週末を中心に予約はかなり埋まっている。来
場者の 8 割近くは大人で、子供向けのエンターテインメント施設という
より、藤子氏の原画をじっくり楽しむ大人向けの本格展示場を目指して
きた。『昔の原画がきちんと保存されている』と言われるのが何より嬉し
い。」構想発表から 12 年がかりで開館したことについて「まず夫人の藤
本正子さんから藤子プロ社長の私に『ファンへの恩返しがしたい』『原画
の散逸を防ぎたい』と相談があった。残された原画は 5 万点。藤子氏が長

---

[161] 2012/07/11 日本経済新聞　地方経済面 神奈川 26 頁「ドラえもん電車「復活」、
小田急、20 日から運行、絵柄控えめ、条例クリア。」
[162] 2012/08/28 日本経済新聞　地方経済面 東京 15 頁「小田急ロマンスカー内、
ドラえもんのカップ限定販売。」

年暮らした川崎市に協力を求め、開業にこぎ着けた」。来場者の反応は「お
おむね良好だが、厳しい意見もある。最大の誤算はカフェだ。来場者の実
に 7 割が利用し、1〜2 時間待ちが常態化した。『アンキ（暗記）パン』
などの凝ったメニューが人気で、どうしても食べたいという人が予想を
超えた。早急に改善策を考えたい」と言う。館内は展示重視で全体におと
なしい印象を受けることについて「運営は正直言って手探り状態。ただこ
こを遊園地にするつもりはない。繰り返しになるが藤子氏が残した原画
やゆかりの品々をじっくり眺め、独自の SF（少し不思議）ワールドを体
感してもらうのが基本。人気**キャラクターの着ぐるみも出していない。極
端な娯楽路線には走らない**」と言う。海外にも藤子ファンが多いことにつ
いて「館内表示は日本語のほか英語や中国、韓国語にも対応させた。中国
の広告代理店と現地でのチケット販売の可能性も探っている」。損益の見
通しについて「入場料収入が順調でも、維持費や人件費などで年数千万円
の赤字が出る。その分は映画や本などの収益で穴埋めしていく。台所は苦
しいが、**ビジネスのために館を造ったのではない**」と述べた[163]。

　2012 年 2 月、同施設は 2011 年開業からの累計入館者が 22 万を超え
た。伊藤館長は年間 50 万人の集客目標も達成できそうとした上で、午後
6 時の閉館時間の延長やアジアからの誘客強化に取り組む考えを示した。
同館は予約制で収容能力は 1 日 2,000 人、それまでの 1 日平均の来館者
は 1,780 人でほぼ想定通りであった。子供時代に藤子漫画に親しんだ大
人世代が 7 割を占めた。来館者は 7 月中にも 50 万人を超える可能性があ
り「初年度から黒字を確保できそう」と言う。2.5％程度にとどまる外国
人客を増やすため、中国などの旅行会社とツアー企画で連携し、夏場に営
業時間を延ばしたり、庭でバーベキューを楽しんだりできるよう地元と

---

[163] 2011/10/13 日本経済新聞　地方経済面　神奈川 26 頁「藤子・F・不二雄ミュ
ージアム館長伊藤善章氏（かながわフリートーク）」

調整する。2月8日から3月14日まではスイーツ月間としてチョコクレープやスイートポテトなどの期間限定メニューを館内で販売する[164]。

　2012年8月、同施設は開業して以来の来館者が50万人を突破した。初年度の目標を予定より約2週間早く達成した。**定員に対する平均の来場率は約83%**であった[165]。

川崎市多摩区のアンケート調査

　川崎市多摩区は2012年2月、同施設の来館者アンケート結果を発表した。入場者の3分の2は神奈川県外から来ており、家族での来場が過半を占めた。最寄り駅から沿道に数多く設置したキャラクター像の認知度は46%にとどまった。来場者を居住地別に見ると地元の川崎市が14%で横浜市は11%、神奈川県全体では34%、それに次ぐのが東京都の33%で、北海道や九州、海外からの来客もいた。家族連れが55%、友人・知人が24%、カップルが15%、1人が5%となった。来場者の77%が電車を利用し、最寄り駅から施設までは直行バスを利用する人が64%を占めた。調査は同施設の協力で2011年11月25－27日に実施、1,720人から回答を得た[166]。

アニメ・マンガミュージアム人気ランキング1位

　2012年5月、日経プラスワン[167]の家族で行きたいアニメ・漫画ミュージアムのランキング（表1）で、同施設が三鷹の森ジブリ美術館と並んで

[164] 2012/02/01 日本経済新聞　地方経済面 神奈川 26 頁「藤子ミュージアム、5ヵ月で来場２２万人超、時間の延長検討。」
[165] 2012/08/17 日本経済新聞　地方経済面 神奈川 26 頁「藤子ミュージアム、来館者50万人、想定より早く達成。」
[166] 2012/02/15 日本経済新聞　地方経済面 神奈川 26 頁「「藤子ミュージアム」来館者、3分の2、県外から、川崎・多摩区アンケート。」
[167] 2012/05/26 日経プラスワン 1 頁「家族で行きたいアニメ・漫画ミュージアム（何でもランキング）」

1位となった。これらミュージアムは各地域の観光資源となり、地域振興に一役買っている。

表1：家族で行きたいアニメ・漫画ミュージアムのランキング

	施設	立地	内容
1	川崎市　藤子・F・不二雄ミュージアム	神奈川県川崎市	ドラえもん等
1	三鷹の森ジブリ美術館	東京都三鷹市	となりのトトロ等
3	水木しげる記念館	鳥取県境港市	ゲゲゲの鬼太郎等
4	宝塚市立手塚治虫記念館	兵庫県宝塚市	鉄腕アトム等
5	京都国際マンガミュージアム	京都市	
6	香美市立やなせたかし記念館	高知県香美市	アンパンマン等
7	石ノ森萬画館	宮城県石巻市	仮面ライダー等
8	海洋堂ホビー館四万十	高知県四万十町	海洋堂コレクション
9	明治大学現代マンガ図書館	東京都新宿区	
10	杉並アニメーションミュージアム	東京都杉並区	

出典：2012/05/26 日経プラスワン 1 頁「家族で行きたいアニメ・漫画ミュージアム（何でもランキング）」

自治体の回遊性への取り組み

　2012 年 4 月、川崎市は多摩区の生田緑地を訪れる観光客を増やすため周辺にある文化施設の入場割引サービスを始めた。藤子ミュージアムの入館引換券を窓口で見せると「川崎市岡本太郎美術館」「川崎市立日本民家園」「かわさき宙と緑の科学館」の入園料・観覧料がいずれも 2 割引となる。日付が 2 ヶ月以内の藤子ミュージアムの半券を各施設の窓口で提示すると、科学館ではプラネタリウム観覧が一般 400 円から 320 円に、

岡本美術館では常設展の観覧が一般 500 円から 400 円になる。阿部孝夫市長は「緑地内の文化施設の回遊性を高めたい」と述べた[168]。

2012 年 7 月、川崎市は多摩区の生田緑地内にある 3 つの文化施設を対象に 7 月 21 日から 9 月 30 日まで入場料の割引サービスを実施した。「かわさき宙と緑の科学館」「川崎市立日本民家園」「川崎市岡本太郎美術館」のどれか 1 つに入場後、他の 2 施設で半券を見せると料金が 2 割引にし、施設の複数利用を促進する[169]。

キャラクターの誕生日イベントで販売促進策

同施設は 2012 年 6 月、「ドラえもん」のジャイアンの誕生日に合わせたフェアを開いた。極端に歌が下手な設定にちなみ、マイク型の容器に詰めたクッキーなどを来場者に期間限定で販売した。ジャイアンは 6 月 15 日生まれで、期間中は「ジャイアンとカツ丼バースデーバージョン」「ジャイアンシチュー復活」などの記念メニューを提供した[170]。

2012 年 9 月 3 日、ドラえもんが誕生日を迎えたのに合わせ、川崎市は同日午前「特別住民」としてドラえもんを登録、区役所などで希望者に特別住民票の無料配布を始めた。オープン 1 周年の藤子ミュージアムでも同日午後、ドラえもんに特別住民票を交付するセレモニーがあった。22 世紀からやって来たロボット、ドラえもんは 2112 年 9 月 3 日生まれの設定で、この日が生誕 100 年前に当たり、香港でも大規模なイベントが開かれるなど盛り上がりを見せていた。特別住民票はドラえもんのイラスト入りで、プロフィールや身長、体重、家族は「野比のび太」、妹は「ドラミ」、ドラ焼きが好物で、ネズミが嫌いなことが記されている。川崎市

---

[168] 2012/04/27 日本経済新聞　地方経済面　神奈川 26 頁「川崎市、生田で文化楽しんで、あすから施設割引。」
[169] 2012/07/19 日本経済新聞　地方経済面　神奈川 26 頁「三文化施設利用割引サービス、川崎市、生田緑地内。」
[170] 2012/06/01 日本経済新聞　地方経済面　神奈川 26 頁「ジャイアンおめでとう、藤子・F・ミュージアム、誕生日祝いフェア。」

は区役所などで 12 万 9,300 枚を配布する予定で、川崎市の HP でも同月
30 日までダウンロードでき、同市は一般の住民票の写しや印鑑登録証明
書などにもドラえもんなどの絵柄のすかしを 1 年限定で入れ、「藤子ワ
ールドの町」を PR した[171]。

　2013 年 1 月、藤子ミュージアムは開館から 1 年 4 ヶ月で初となる大幅
な展示入れ替えを実施し、営業を再開した。伊藤館長は藤子氏の生誕 80
年を記念して全国規模の原画展や海外巡回展を催す計画も明らかにした。
2013 年 1 月 14 日で来場者が 70 万人を超えた。2013 年は「大長編ドラ
えもん」を年間の展示テーマとし、劇場用映画 18 作品の原画を 3 期に分
けて展示する。館内のカフェで映画の場面を再現したジャンボバーベキ
ュー（1,500 円）などを販売し、映画用の原画を使用したポストカードや
シールなど新商品を揃えた。伊藤館長は同年が藤子氏の生誕 80 年に当た
ることから「夏から全国で原画展を始めたい。中国や韓国、東南アジア、
欧米などでも巡回展を開き、世界に『藤子ワールド』を発信したい」と言
う[172]。

　2013 年 2 月、もみじまんじゅうが主力のにしき堂（広島市）は人気キ
ャラクター「ドラえもん」とコラボした新商品「どこでもみじ」を開発し
た。広島県内と藤子ミュージアム内の限定商品として販売した。作品内に
登場する「どこでもドア」をイメージしたピンク色の箱に詰め、まんじゅ
うには「ドラえもん」や「ドラミちゃん」の顔を刻印した。年間 1 億円の
販売を目指す[173]。

[171] 2012/09/03 日本経済新聞　夕刊 13 頁「ドラえもん「特別住民」、川崎市、生
誕 100 年前の誕生日に。」
[172] 2013/01/30 日経 MJ（流通新聞）　9 頁「藤子ミュージアム、展示入れ替え再
開業、世界で原画展を計画。」
[173] 2013/02/28 日本経済新聞　地方経済面 広島 23 頁「どこでもみじまんじゅう、
にしき堂、ドラえもんとコラボ。」

4．発見事項と考察

　本章では、藤子ミュージアムの経営を川崎市と藤子プロの取り組みと地域振興を中心に考察してきて、次の点を明らかにした。

　第 1 に、同施設のアイディアは、藤子氏の妻が同氏の死後に原画を見ていて、拡散を防ぎ、公開したいと思い、川崎市に申し入れたことに始まった。一方、小田急電鉄は小田急向ヶ丘遊園の閉園後の用地活用を検討していた。藤子氏はトキワ荘を出た後ずっと川崎市民であった。小田急向ヶ丘遊園も川崎市内にあり、入場者減で閉園になった後だったため、両社の利害関係が一致した。プレイヤーは①藤本正子氏、②藤子プロ、③川崎市、④小田急電鉄（地主）、⑤㈱藤子ミュージアム（同施設の指定管理者）の 5 社である。このビジネスモデルはジブリ美術館と類似している。

　第 2 に、藤子氏の妻は著作権ビジネスで稼ごうとしたのではなく、62歳で病死した夫の作品を後世に伝えたかったと推測できる。こども 110番事業にドラえもん等のキャラクターを無料で提供し、デザイン変更のコストも藤子プロで負担している。伊藤館長もビジネスでやっているわけではないと言う。藤子氏の印税収入で余裕があるので、これ以上儲けようとしてないのだろう。

　第 3 に、藤子ミュージアムの建築費は 10〜15 億円と推定されている。川崎市の 2011 年度予算案で藤子ミュージアムの予算は 2.9 億円であった。投資総額は公表されていない。伊藤館長は「入場料収入が順調でも維持費や人件費などで年数千万円の赤字。その分は映画や本などの収益で穴埋める」という。あれだけ人気でも投資を回収できず、赤字である。

　第 4 に、同施設はドラえもんの誕生日の 101 年前に合わせて開業したようである。ドラえもんは 2112 年 9 月 3 日生まれの設定で、この日は生誕 100 年前である。2012 年 9 月 3 日にドラえもんが誕生日を迎えたのに合わせ、川崎市は 2012 年 9 月 3 日に特別住民として登録、区役所などで希望者に特別住民票の無料配布を始めた。このドラえもんデザインの住

民票が地域振興になる。また主要キャラクターの誕生日イベントなど、主要キャラクターの誕生日ごとにイベントや特別メニュー等を実施する。

　第5に、川崎市は**回遊性**を取り入れるため、周辺にある文化施設の入場割引サービスを始めた。同施設の入館引換券で「川崎市岡本太郎美術館」「川崎市立日本民家園」「かわさき宙と緑の科学館」の入園料・観覧料が2割引となる。4つの人気施設が共同で夏休みにスタンプラリーを開催した。

　第6に、小田急にとって藤子ミュージアムは、2002年に閉園した**小田急向ヶ丘遊園跡地の再開発**計画を発表したことに始まった。マンション建設や文化施設を整備するのに**総事業費約200億円**の計画であった。計画地は「事業」「ガーデン」「緑地編入」「樹林地」のゾーンに区分けした。川崎市は藤子ミュージアムにするよう小田急に提案した。小田急は閉園した向ヶ丘遊園を転用できた。

5．まとめ

　藤子ミュージアムは、原画という資産の分散を防ぎ、いい状態で保存したいと思う藤子氏の妻が川崎市に相談したことと、小田急向ヶ丘遊園が閉園し再開発しようとしていたことが同じタイミングで起こったから実現した。手塚治虫ワールドも川崎市に計画されていたが、市長の反対も一因となって中止された。手塚治虫ワールドは一民間企業なのに川崎市の市有地に計画されていたこと、その隣に石油コンビナートがあること、交通網の悪さなどから計画中止となった。藤子ミュージアムは好条件が重なった。手塚治虫ワールドも大規模テーマパークではなく、指定管理者制度で藤子ミュージアムくらいの規模で設立するという方法がある。

　本章の限界は、藤子プロも藤子ミュージアム（指定管理者）も非公開のため、ここまでしか情報を得られないことである。

短編 2　三鷹の森ジブリ美術館のビジネスモデルと 指定管理者制度

1．はじめに

　本編では、ジブリ美術館のビジネスモデルと指定管理者制度を考察する。地域振興のための観光事業には指定管理者制度が利用されることが多い。

　ジブリ美術館は「公の施設」である。同施設があるのは東京都立井の頭公園で、同施設は三鷹市との共同出資である。その特徴は「負担附き寄附」による「公の施設」としての開発である。なお、本編では全て綜合ユニコム（2005）から引用する。

2．三鷹の森ジブリ美術館のビジネスモデル

　ジブリ美術館の計画は、1992 年に東京都三鷹市が都立井の頭公園西園拡張予定区域（約 2 万㎡）内に文化施設を条件として使用することを東京都と合意したことに始まる。三鷹市は、子供に愛される施設、井の頭公園の豊かな緑に馴染む施設というコンセプトを打ち出したが、財政難で実現しなかったとされている。

　一方、スタジオジブリ制作物の著作権を有していた㈱徳間書店のスタジオジブリ事業本部（以降、徳間書店）は、1997 年頃から独自の美術館構想を持ち、建設候補地を探していた。1998 年 3 月、三鷹市の文化施設情報を得て、美術館準備室の学芸員は三鷹市長を訪ね、意気投合した。

　しかし三鷹市が東京都にこの計画を打診すると、都市公園内に民間施設は認められないという。三鷹市は東京都と徳間書店と粘り強く交渉を重ね、東京都から三鷹市の「公の施設」を基本条件に出された。そこで三鷹市は「負担附き寄附」による「公の施設」案を提示し、東京都の了解を得、さらに徳間書店にもこの案を提示して了解を得た。

「負担附き寄附」という条件で「覚書」に記された「寄附の条件」の項には次のようにある。「(2)市は、本件美術館施設を第三者（国及び地方公共団体を含む）に譲渡しないこと。(4)市は、寄附者が本件美術館の利用者に対するサービスの提供を目的として、美術館施設の一部を使用することに対して、行政財産の使用許可を与えること。(5)市が前各号に違反した場合は、寄附者は寄附に係る契約を解除することができること。この場合において、寄附者から請求があったときは、市は、美術館施設の返還に代えて金銭補償を行うこと。」（(1)と(3)の条項は除く。）

　この場合の「負担附き寄附」とは、寄附者は市に慈善事業で寄附したのではなく、美術館を経営することが目的であるため、寄附した建物を市が第三者に売ることを禁止したのが(1)の条項である。(4)の条件は、寄附者が建物を寄附する対価として、美術館施設の一部に利用者に対するサービスの提供を目的とする店舗設置許可の要項である。寄附者の㈱マンマユート団は施設内でキャラクターグッズや書籍を販売する売店と飲食店を営業する権利を有する。(5)は、市が寄附の条件を守らなかったときの罰則規定である。

　この官民プロジェクト実現のポイントは、「負担附き寄附」を明記した上記の覚書を交し合う形で達成されている点である。両者は最初から意気投合し、必ず実現させようとしたのである。三鷹市は財政難のみならず、ノウハウの点からも文化施設実現は不可能であった。そこに子供に夢を与える施設というコンセプトのジブリ美術館の登場となった。スタジオジブリの強力なブランド力と知名度からも、三鷹市にとってジブリ美術館は必ず実現させたい事業であった。

　徳間書店にとっても、三鷹市の文化施設構想のコンセプトは美術館像と一致した。都心に近い都市公園内の土地で森というコンセプトに適合した舞台であった。徳間書店は施設を建設してそれを三鷹市に寄附するという課題が課せられた。ハイリスクをとったのは、理想的な場所である

ことと、土地を購入しなくて済み、地代も無く、契約期間も無く、半永久的に事業をできるというメリットがあるからであった。

　ジブリ美術館の事業の仕組みは図 1 のようになる。ジブリ美術館の事業は、**①三鷹市、②㈱マンマユート団、③財団法人徳間記念アニメーション文化財団**の三社に運営されている。ジブリ美術館は公の施設（市立美術館）として設立され、管理運営は㈱徳間記念アニメーション文化財団に委託され、**三鷹市から財団に対して年間 4,000 万円の委託料**が支払われている。建物管理費の一部と修繕・補修費は基本的に三鷹市の負担である。

　施設は㈱マンマユート団が建設し、建物が竣工すると三鷹市に「負担附き寄附」された。寄附者の㈱マンマユート団は、1998 年 10 月に同美術館のための事業会社として設立された法人で、**㈱徳間書店と日本テレビ放送網㈱**の 2 社による出資で構成されている。**総工費約 50 億円**、その内訳は、建設工事費、建設設計費、諸コンサルタント費、展示企画費、店舗開設準備費、広告宣伝費、財団設立準備費、人件費、一般管理費、予備費などである。建築工事費には約 25 億円、財団設立準備費には約 6 億円を要している。

　ジブリ美術館の管理運営は㈱徳間記念アニメーション文化財団が行っている。この財団法人は、三鷹市、徳間書店、日本テレビ放送網が主体となって 2001 年 9 月に設立された。出資者は、徳間書店、日本テレビ放送網、三鷹市で、基本財産は約 5 億 3,300 万円で、三鷹市は 3,000 万円を出資している。財団法人の代表機関である理事会には、宮崎駿監督、高畑勲監督、三鷹市、徳間書店、日本テレビ放送網などから理事に就任した。三鷹市は条例で同財団をジブリ美術館の管理運営法人に指定している。そしてこの財団法人の運営が円滑に行えるように、徳間書店とマンマユート団は、同財団に対して様々なノウハウ提供を行っている。このように、それぞれが担当する役割を果たしつつ、他のセクションのカバーもするという緊密な仕組みが作られている。その点においても、同美術館の官民

協働事業が成功例として注目されている。なお、スタジオジブリは 2005 年 4 月、徳間書店から経営譲渡を受けて独立した。

　ジブリ美術館では、三鷹市が「利用料金制度」を導入し、財団法人が独立採算的に事業を行っている。**利用料金制度**とは、**地方自治体法**により公の施設の利用料を、その施設の管理運営を委託されている者が収入として受け取れる制度である。ただし自治体が条例で規定する上限があって、ジブリ美術館の場合、入場料が 1,500 円と定められている。入場料は、大人 1,000 円、中高生 700 円、小学生 400 円、幼児 100 円、3 歳以下無料である。

　ジブリ美術館の 2003 年の年間入場者数は約 68 万人、約 7 億 5,600 万円（三鷹市からの委託料約 4,000 万円を含む）の事業収入を上げた。前期繰越金を加算すると約 9 億 1,500 万円の収入合計、当期支出総額は約 7 億 5,800 万円であったため、健全な収支状況と言える。

　ジブリ美術館は指定管理者制度の導入前の事業なので、三鷹市とパートナーを組んで事業に参入した民間企業は財団法人を設立して同美術館の管理運営にあたる。三鷹市に寄附した同企業は、美術館内に売店とカフェの営業許可をもらい別途事業を展開している。**指定管理者制度実施前の官民協働事業**だったためにこのような複雑な仕組みが作られた（表 1）。

3．指定管理者制度の概要

　ここで指定管理者制度について若干考察する。

> ＜指定管理者制度とは＞
> 公共施設に民間企業の経営戦略やコストカットを
> 取り入れ効率化する制度

指定管理者制度[174]とは、<u>住民の福祉を増進する目的をもってその利用</u><u>に供するための施設である公の施設について、民間事業者等が有するノ</u><u>ウハウを活用することにより、住民サービスの質の向上を図っていくこ</u>とで、施設の設置の目的を効果的に達成するため、2003 年 9 月に設けられた。本制度は導入以降、公の施設の管理において、多様化する住民ニーズへの効果的、効率的な対応に寄与し、地方公共団体において様々な取り組みがなされる中で、留意すべき点も明らかになってきた。総務省は地方自治体に次の点に留意して制度の適切な運用のために、<u>**地方自治法**第 252</u>条の 17 の 5 に基づいて助言し、促進している。

　(1)指定管理者制度については、公の施設の設置の目的を効果的に達成するため必要があると認めるときに活用できる制度であり、個々の施設に対し、指定管理者制度を導入するかしないかを含め、幅広く地方公共団体の自主性に委ねる制度となっていること。

　(2)指定管理者制度は、公共サービスの水準の確保という要請を果たす最も適切なサービスの提供者を、議会の議決を経て指定するものであり、単なる価殿格競争による入札とは異なるものであること。

　(3)指定管理者による管理が適切に行われているかどうかを定期的に見直す機会を設けるため、指定管理者の指定は、期間を定めて行うものとすることとされている。この期間については、法令上具体の定めはないものであり、公の施設の適切かつ安定的な運営の要請も勘案し、各地方公共団体において、施設の設置目的や実情等を踏まえて指定期間を定めること。

　(4)指定管理者の指定の申請にあたっては、住民サービスを効果的、効率的に提供するため、サービスの提供者を民間事業者等から幅広く求めることに意義があり、複数の申請者に事業計画書を提出させることが望ましい。一方で、利用者や住民からの評価等を踏まえ同一事業者を再び指

---

[174] 総務省公式 HP「指定管理者制度の運用について」2013 年 1 月 17 日アクセス http://www.soumu.go.jp/main_content/000096783.pdf

定している例もあり、各地方公共団体において施設の態様等に応じて適切に選定を行うこと。

(5)指定管理者制度を活用した場合でも、住民の安全確保に十分に配慮するとともに、指定管理者との協定等には、施設の種別に応じた必要な体制に関する事項、リスク分担に関する事項、損害賠償責任保険等の加入に関する事項等の具体的事項をあらかじめ盛り込むことが望ましいこと。

(6)指定管理者が労働法令を遵守することは当然であり、指定管理者の選定にあたっても、指定管理者において労働法令の遵守や雇用・労働条件への適切な配慮がなされるよう、留意すること。

(7)指定管理者の選定の際に情報管理体制のチェックを行うこと等により、個人情報が適切に保護されるよう配慮すること。

(8)指定期間が複数年度にわたり、かつ、地方公共団体から指定管理者に対して委託料を支出することが確実に見込まれる場合には、債務負担行為を設定すること。

指定管理者制度の問題点

公の仕事を民間にしてもらい効率を上げるはずが、行政からもらえる予算が少ないので低予算での運営を強いられる。するとカットできるのは人件費だけとなる。正規雇用者は少ない。正規・非正規に関わらず、人件費がその地域で低めに設定されているケースが多々ある。そのため他で「条件の良い雇用」を得られる人は来てくれない傾向にある。全国のスポーツ施設、文化施設、温泉施設などでこの問題を抱えている。その理由は、客（利用者）から受け取ったお金は行政のものであり、指定管理者は利益を出しても潤わないのである。さらに行政が行うことなので、公平性が重要であり、民間企業に委託する割に資本主義の競争原理が働きにくい。

表 1：ジブリ美術館の事業の仕組み

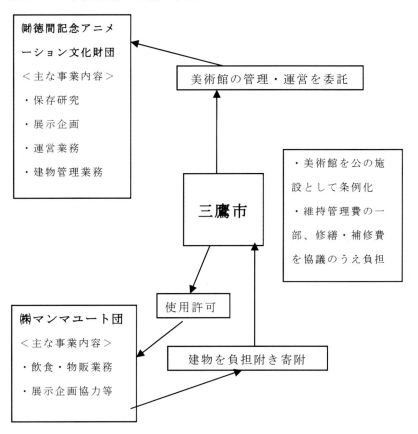

㈶徳間記念アニメーション文化財団
＜主な事業内容＞
・保存研究
・展示企画
・運営業務
・建物管理業務

美術館の管理・運営を委託

三鷹市

・美術館を公の施設として条例化
・維持管理費の一部、修繕・補修費を協議のうえ負担

㈱マンマユート団
＜主な事業内容＞
・飲食・物販業務
・展示企画協力等

使用許可

建物を負担附き寄附

出典：綜合ユニコム（2005）145 頁の図表 1

４．まとめ

　本編ではでジブリ美術館のビジネスモデルと指定管理者制度を考察した。

　同美術館は指定管理者制度の導入以前であるため、三鷹市、徳間書店等が試行錯誤の末にこのビジネスモデルを構築したことが明らかになった。非常に複雑な制度である。指定管理者制度が導入されてすっきり分かりやすくなった。

指定管理者制度は、地方自治体が地域住民に対して行う行政サービスの効率向上のための制度である。

　官民共同事業は、官に乗って資金調達しようとする民間事業者が後を経たない。官民合同事業では、バブル期にリゾート法施行でテーマパーク設立ブームに甘い考えで乗り、後の経営難と破綻が起こった。官民合同事業で黒字を達成できるジブリ美術館は努力の賜物といえる。つまり、ジブリ美術館の成功要因はコンテンツの魅力と立地の良さだけではなく、経営ノウハウや様々な努力による。他の有名アニメーターや漫画家のコンテンツを用いて同様の施設を作ったとしても、このビジネスモデルの模倣だけでは、このような成功は無いだろう。法律や制度だけであっさり設立できるわけでもない。精神論としては、経営者の強い意志、信念、情熱、行動力などが必要である。それらに加えて、人脈、その業界への知識、資金調達力、信用力などの総合力である。ジブリ美術館設立も、おそらく三鷹市、スタジオジブリ、徳間書店の学芸員等の熱意とコミットメントで強力に推進されたはずである。

　それでも他の有名漫画家もこのビジネスモデルを使えばミュージアム設立が可能となるだろう。

＜参考文献＞

● 　綜合ユニコム（2005）「三鷹の森ジブリ美術館」『月刊レジャー産業資料』2005年5月号　143-146頁

著者紹介

中島　恵（なかじま　めぐみ）

東京経営短期大学　総合経営学部　専門講師

学位：修士（経営学）
専門：経営学、経営戦略論、テーマパーク経営論、レジャー産業論
略歴：
明治大学大学院経営学研究科博士前期課程修了
明治大学大学院経営学研究科博士後期課程単位取得満期退学
明治大学経営学部専任助手
星稜女子短期大学（現・金沢星稜大学）経営実務科専任講師
大阪観光大学観光学部専任講師を経て現職

主要業績：
中島　恵（2011）『テーマパーク産業論』三恵社
中島　恵（2012）『テーマパーク産業の形成と発展　―企業のテーマパーク事業多角化の経営学的研究―』三恵社
中島　恵（2013）『テーマパークの施設経営』三恵社
中島　恵（2013）『テーマパーク経営論　―映画会社の多角化編―』三恵社
中島　恵（2013）『東京ディズニーリゾートの経営戦略』三恵社
中島　恵（2014）『ディズニーランドの国際展開戦略』三恵社
中島　恵（2014）『ユニバーサル・スタジオの国際展開戦略』三恵社
中島　恵（2016）『観光ビジネス』三恵社
中島　恵（2017）『ディズニーの労働問題　―「夢と魔法の王国」の光と影―』三恵社
中島　恵（2017）『なぜ日本だけディズニーランドとＵＳＪが「大」成功したのか？』三恵社
ブログ：テーマパーク経営研究室　中島　恵ゼミナール
　　　　http://ameblo.jp/nakajima-themepark-labo

テーマパーク事業と地域振興

2021年4月1日　　初版発行

著　者　　中島　恵
Nakajima, Megumi

定価（本体価格1,800円＋税）

発行所　　株式会社　三恵社
〒462-0056 愛知県名古屋市北区中丸町2-24-1
TEL 052 (915) 5211
FAX 052 (915) 5019
URL http://www.sankeisha.com

キャリア論と労働関連法 24 講

［正誤表］

154 頁の表に誤りがございましたので下記のとおり訂正いたします。

誤

継続勤務年数		6カ月	1年6カ月	2年6カ月	3年6カ月	4年6カ月	5年6カ月	6年6カ月以上
週所定労働日数が5日以上又は週所定労働時間 30 時間以上		10日	11日	12日	14日	16日	18日	20日
週所定労働時間 30 時間未満で右の週勤務日数（比例付与）	週1日	7日	8日	9日	10日	12日	13日	15日
	週2日	5日	6日	6日	8日	9日	10日	11日
	週3日	3日	4日	4日	5日	6日	6日	7日
	週4日	1日	2日	2日	2日	3日	3日	3日

正

継続勤務年数		6カ月	1年6カ月	2年6カ月	3年6カ月	4年6カ月	5年6カ月	6年6カ月以上
週所定労働日数が5日以上又は週所定労働時間 30 時間以上		10日	11日	12日	14日	16日	18日	20日
週所定労働時間 30 時間未満で右の週勤務日数（比例付与）	週4日	7日	8日	9日	10日	12日	13日	15日
	週3日	5日	6日	6日	8日	9日	10日	11日
	週2日	3日	4日	4日	5日	6日	6日	7日
	週1日	1日	2日	2日	2日	3日	3日	3日